O FUTSAL e a ESCOLA

V961f   Voser, Rogério da Cunha.
         O futsal e a escola : uma perspectiva pedagógica /
     Rogério da Cunha Voser, João Gilberto M. Giusti. – 2. ed. –
     Porto Alegre : Penso, 2015.
     222 p. : il. ; 23 cm.

     ISBN 978-85-8429-040-6

     1. Educação física. 2. Futsal. I. Giusti, João Gilberto M.
II. Título.

CDU 796.33:37

Catalogação na publicação: Poliana Sanchez de Araujo – CRB 10/2094

2ª EDIÇÃO

O FUTSAL e a ESCOLA

UMA PERSPECTIVA PEDAGÓGICA

ROGÉRIO DA CUNHA **VOSER**

JOÃO GILBERTO M. **GIUSTI**

2015

© Penso Editora Ltda., 2015

Gerente editorial
Letícia Bispo de Lima

Colaboraram nesta edição:

Editora
Priscila Zigunovas

Assistente editorial
Paola Araújo de Oliveira

Capa
Márcio Monticelli

Imagem de capa
@thinkstockphotos.com/Ale-ks, Soccer ball

Fotos
Carlos Eduardo de Oliveira (p. 50-54, 61-67) *e dos autores* (33-36, 48-49, 56, 58-60). A publicação das fotografias constantes nesta obra foi previamente autorizada por seus autores e modelos.

Ilustrações
Juliano Dall'Agnol

Leitura final
Paola Araújo de Oliveira

Editoração eletrônica
Bookabout – Roberto Carlos Moreira Vieira

Reservados todos os direitos de publicação à
PENSO EDITORA LTDA, uma empresa do GRUPO A EDUCAÇÃO S.A.
Av. Jerônimo de Ornelas, 670 – Santana
90040-340 – Porto Alegre, RS
Fone: (51) 3027-7000 Fax: (51) 3027-7070
É proibida a duplicação ou reprodução deste volume, no todo ou em parte, sob quaisquer formas ou por quaisquer meios (eletrônico, mecânico, gravação, fotocópia, distribuição na Web e outros), sem permissão expressa da Editora.

SÃO PAULO
Av. Embaixador Macedo Soares, 10.735 – Pavilhão 5
Cond. Espace Center – Vila Anastácio
05095-035 – São Paulo, SP
Fone: (11) 3665-1100 – Fax: (11) 3667-1333

SAC 0800 703-3444 – www.grupoa.com.br

IMPRESSO NO BRASIL
PRINTED IN BRAZIL
Impresso sob demanda na Meta Brasil a pedido de Grupo A Educação.

AUTORES

Rogério da Cunha Voser
Professor de educação física e fisioterapeuta. Especialista em Ciências do Futebol e do Futebol de Salão pelas Faculdades Integradas Castelo Branco. Mestre em Ciências do Movimento Humano pela Universidade Federal do Rio Grande do Sul (UFRGS). Doutor em Ciências da Saúde pela Pontifícia Universidade Católica do Rio Grande do Sul (PUCRS).
Professor associado e vice-coordenador do Núcleo de Avaliação da Unidade (NAU) na Escola de Educação Física da UFRGS. Vice-coordenador da Equipe Colaboradora 18 (RS) do Projeto Segundo Tempo do Ministério do Esporte.
Atua como consultor em cursos de graduação e especialização e como avaliador de cursos superiores do e.MEC-INEP. Ministra cursos de extensão e pós-graduação em futsal e iniciação aos esportes por todo o Brasil.
Foi atleta das equipes de futsal do Rio Grande do Sul e da Espanha, preparador físico da equipe do Inter/Ulbra e técnico da equipe juvenil de futsal dessa instituição.

João Gilberto M. Giusti
Professor de educação física. Especialista em Educação Física Escolar pela Universidade Federal de Pelotas (UFPel) e em Gestão Escolar pela Universidade Castelo Branco. Mestre em Educação Física pela UFPel.
Coordenador do curso de Educação Física e professor nos cursos de graduação e de pós-graduação na Faculdade Anhanguera de Pelotas (RS).
Atua como tutor presencial do curso a distância de Educação Física do Centro Universitário Claretiano e como professor de ensino médio no Colégio Gonzaga, de Pelotas. Tem experiência como preparador físico e como professor em escolas e clubes esportivos. Foi treinador Campeão Estadual Gaúcho na categoria pré-mirim, em 1988, e recebeu diversos títulos de categoria de base como preparador físico.

AGRADECIMENTOS

Aos colegas, alunos e funcionários de todas as instituições de ensino nas quais fui docente.

Aos meus pais, pelo carinho e pelo apoio à minha formação.

Em especial, à minha esposa e à minha filha, pelo apoio e pela compreensão nos momentos em que estive ausente devido à elaboração deste livro.

Rogério da Cunha Voser

Primeiramente, à minha família, pela compreensão.

Ao Colégio Anglicano Santa Margarida e ao Clube Brilhante, ambos de Pelotas, pela confiança no meu trabalho.

Em especial, ao professor Renato Rochefort, da Escola Superior de Educação Física da Universidade Federal de Pelotas, pelo carinho e pela cooperação.

E ao amigo professor Rogério da Cunha Voser, pela oportunidade de compartilhar a autoria deste livro.

João Gilberto M. Giusti

PREFÁCIO

Elaborar o prefácio do livro dos professores Rogério da Cunha Voser e João Gilberto M. Giusti é realmente muito gratificante. Primeiro, por ter sido professor de ambos na Escola Superior de Educação Física da Universidade Federal de Pelotas; segundo, pelo fato de meus filhos, quando frequentavam a escolinha de futsal do Clube Brilhante de Pelotas, há alguns anos, terem sido alunos do Giusti, que, com muita competência, os introduziu na prática desse esporte; e terceiro, por ter sido colega de profissão do Rogério, no Curso de Educação Física da Universidade Luterana do Brasil, no qual é conhecido por sua competência e pela preocupação em utilizar o ensino do futsal como forma de educação.

Na minha apreciação da obra *O futsal e a escola*, lembrei-me do Manifesto Mundial da Educação Física (2000), da Fédération Internationale d'Éducation Physique (FIEP). Esse manifesto buscava uma compreensão para o conceito de educação física, tratada como um caminho privilegiado de educação, pelas suas possibilidades de desenvolver as dimensões motora, afetiva, cognitiva e social dos indivíduos, principalmente das crianças e dos adolescentes, utilizando, para tanto, um dos mais preciosos recursos humanos, o corpo. Certamente o desenvolvimento integral dessas potencialidades se dará por meio de atividades exercidas a partir de uma intenção educativa, nas formas de exercícios ginásticos, jogos, esportes, danças e lutas, entre outras manifestações.

A obra que os professores Rogério da Cunha Voser e João Gilberto M. Giusti escreveram contempla esse conceito em sua plenitude, pois se nota a preocupação não apenas em centralizar o enfoque na prática do futsal, mas também em contextualizá-lo no âmbito da educação física escolar. Para isso, os autores proporcionam ao leitor informações atualizadas e precisas, geradas por investigações científicas e por sua prática na área, sobre os aspectos legais, profissionais e pedagógicos associados à criança e à iniciação esportiva.

Tenho certeza de que este livro contribuirá para o ensino do futsal nos cursos superiores de educação física e proporcionará subsídios para a melhoria do ensino desse esporte no meio escolar. É por isso que o recomendo aos profissionais de educação física.

Prof. João Carlos Jaccottet Piccoli, Ph.D.

SUMÁRIO

Introdução 13

1 Educação física escolar: a base de tudo 15
2 Aspectos pedagógicos na educação física e no esporte 19
3 Aspectos motores 37
4 Futsal: histórico, técnica e tática 45
5 A proposta pedagógica do futsal 95
6 Atividades práticas 133
7 Planejamento 203

Considerações finais 219
Referências 221

INTRODUÇÃO

O fenômeno esportivo infantil tem sido, neste início de século, motivo de muitos estudos e questionamentos tanto no que diz respeito aos seus ideários como em relação à sua função pedagógica e sociopolítico-cultural.

Nesse contexto, é possível observar a influência e a participação da escola no processo de adesão do jovem à prática do esporte e da atividade física.

No que se refere particularmente à escola e aos conteúdos a serem desenvolvidos pela educação física, não compartilhamos da ideia de que esta se resuma somente à prática das modalidades esportivas. Na cultura do movimento humano, existem importantes elementos que deverão compor o planejamento das aulas de educação física, além, é claro, do esporte. Entre eles, destacamos a dança, os jogos, as lutas e a ginástica, atividades fundamentais no processo de ensino-aprendizagem.

Infelizmente, as escolas ainda desenvolvem um projeto de educação física ultrapassado e sem qualquer respaldo didático-pedagógico para envolver o aluno das séries iniciais, acompanhando-o até o ensino médio. A situação é tão séria que algumas escolas ainda não têm professores de educação física na educação infantil e fundamental, etapas em que sua importância é indiscutível, pois é entre os 7 e os 12 anos de idade que se estabelece a base motora.

Existem, também, escolas que desenvolvem somente duas modalidades esportivas, pois seus professores são especialistas em determinado esporte (p. ex., futsal e voleibol).

Além disso, na rede pública, muitas vezes encontramos professores desanimados com o salário, desatualizados, com poucos recursos físicos e materiais, com turmas grandes e heterogêneas, principalmente em relação à idade.

Assim, este livro procura apresentar a uma proposta pedagógica para o ensino do futsal na escola e busca desenvolver uma concepção de esporte em que sua práxis pedagógica contribua com seus princípios e ensinamentos básicos, sendo desenvolvido em toda a sua dimensão, auxiliando na formação de pessoas críticas e informadas. Ou seja, deseja-se fazer com que o esporte sirva como âncora para gerar outras formas de conhecimento (psicológico, social, cultural, entre outros).

Para desenvolver o futsal como conteúdo programático, é fundamental compreender o esporte em sua dimensão mais ampla e crítica. Para tanto, é necessário buscar conhecimentos em áreas como a psicologia do desenvolvimento humano, a pedagogia, a filosofia e a sociologia.

Por fim, deve-se salientar a importância de adequar as propostas apresentadas neste livro à realidade de cada escola.

EDUCAÇÃO FÍSICA ESCOLAR: A BASE DE TUDO

Algumas escolas das redes particular e pública preocupam-se com o ensino da educação física desde a educação infantil e reconhecem a importância do esporte para as crianças como meio de educação e de saúde. Hoje, no mundo globalizado, as várias tecnologias proporcionam um aprendizado rápido e dinâmico, sendo imprescindível cuidar dos aspectos físico, psíquico e social, seja de forma lúdica, por meio de jogos e brincadeiras, seja pela prática de algum esporte ou de qualquer tipo de atividade física.

A escola assume um papel importante no que diz respeito à aquisição do hábito da prática esportiva pelos jovens. As escolas que realmente investem em educação reconhecem na educação física escolar um meio rápido de interação da criança com o meio em que vive, oferecendo momentos de convívio social. Propostas sérias que visam democratizar, humanizar e diversificar a forma pedagógica do ensino da educação física e métodos que procuram valorizar e incorporar as dimensões afetivas, cognitivas e socioculturais dos alunos estão se tornando uma referência significativa no contexto educacional, principalmente na hora da escolha, por parte dos pais, da melhor escola para seus filhos.

A educação física escolar, além de desenvolver aspectos físicos e disciplinares, promove a autoconfiança através de jogos, danças, lutas, ginástica e atividades rítmicas, enriquecendo o acervo motor e, assim, possibilitando que a criança aprenda a cultura do movimento. É por meio dessa cultura que ela descobre as possibilidades de se expressar com o seu corpo e passa a reconhecer a importância do movimento na integração e no relacionamento com seus companheiros de grupo. E é por meio dessa participação social, e da cooperação com os colegas, que a criança passa a praticar princípios democráticos e uma vivência coletiva.

COMO RESPONDE A CRIANÇA QUE FAZ EDUCAÇÃO FÍSICA?

A maioria das crianças adora as aulas de educação física. Costuma-se dizer que o profissional dessa área é um iluminado, tal é o fascínio de uma criança frente a uma bola e as mil possibilidades que esta oferece para brincar. Nas aulas, o emocional e o afetivo andam juntos. Isso favorece a sociabilização, em que o toque, o companheirismo e o respeito tornam o convívio muito prazeroso. A criança aprende a ter limites e, com isso, passa a respeitar o direito dos outros.

Nas aulas, a criança tem a sua autoestima elevada, respondendo aos estímulos oferecidos da melhor forma possível. É muito prazeroso participar de atividades físicas. Feliz, ela começa a ter um bom desempenho em todas as áreas do conhecimento. Aprende com mais facilidade e auxilia a instituição no processo de ensino.

A EDUCAÇÃO FÍSICA REVELANDO LIDERANÇAS

Toda a criança que pratica educação física é diferenciada, tem mais autonomia e confiança. Observa-se que os alunos que apresentam maior domínio motor são aqueles que exercem uma liderança natural nas atividades práticas, refletindo isso na sala de aula e também no convívio com os colegas e amigos. É muito interessante a confiança que adquirem quando percebem a cultura do movimento inserida dentro deles. O aluno que pratica educação física na educação infantil e no ensino fundamental é mais desenvolto, seguro, ágil, companheiro, justo e com elevado posicionamento crítico.

A EDUCAÇÃO FÍSICA E A OBRIGATORIEDADE

A educação física, por possibilitar o desenvolvimento da dimensão psicomotora, principalmente de crianças e adolescentes, conjuntamente com os domínios cognitivos e sociais, deve ser disciplina obrigatória nas escolas de ensino fundamental e médio, fazendo parte de um currículo longitudinal. Não se deve tratá-la com descaso. É vergonhoso ver jogos, gincanas e competições substituírem verdadeiras aulas de educação física. Isso é muito bom para privilegiar quem tem habilidades motoras acima da média, favorecendo uns em detrimento de outros. Onde fica a maioria que não possui tais habilidades? Na torcida? Aplaudindo?

A QUALIDADE NAS AULAS DE EDUCAÇÃO FÍSICA

Para que as instituições de ensino possam zelar pela qualidade de suas aulas, em um primeiro momento precisam realmente acreditar que a educação física escolar deve ter o mesmo grau de importância das demais disciplinas que compõem o currículo. Deve-se compreender sua real contribuição para a formação dos jovens. Em um segundo momento, é necessário contratar profissionais que, além de se enquadrarem na proposta pedagógica da escola, privilegiem uma educação física em que o movimento humano seja um meio de crescimento, e não um fim em si mesmo.

A fim de contribuir para a melhoria da nossa sociedade, a educação física deve:

- Promover em seus beneficiários o desenvolvimento de habilidades motoras, atitudes, valores e conhecimentos, procurando levá-los a uma participação ativa e voluntária em atividades físicas e esportivas ao longo de suas vidas.
- Ser ministrada em um ambiente de alegria, em que as práticas corporais e esportivas sejam prazerosas.
- Propiciar vivências e experiências de solidariedade, cooperação e superação.
- Valorizar práticas esportivas, danças e jogos nos conteúdos dos seus programas, inclusive as atividades que representam a tradição e a pluralidade do patrimônio cultural do país e das suas regiões.
- Ser meio de desenvolvimento da cidadania nos alunos beneficiários e de respeito ao meio ambiente.

A IMPORTÂNCIA DO CONSELHO REGIONAL DE EDUCAÇÃO FÍSICA

Os Conselhos Regionais de Educação Física, como nossos representantes bem próximos, são de extrema importância para a melhoria da qualidade da educação física, não só nas academias, mas também nas escolas. Todas as profissões devem ser disciplinadas e ter uma entidade forte que traga conquistas para a categoria. A educação física por muito tempo ficou relegada ao segundo plano nos currículos escolares. Com o fortalecimento da instituição que nos rege, sem sombra de dúvida a educação física será fortalecida e mais valorizada.

O PROFISSIONAL DA EDUCAÇÃO FÍSICA, UM PROFISSIONAL DA SAÚDE

A educação física, no exercício da educação para a saúde, tem como função desenvolver hábitos de prática regular de atividades físicas nas pessoas. Atuando preventivamente na redução de enfermidades relacionadas com a obesidade, o diabetes, a hipertensão, as patologias cardiorrespiratórias, a osteoporose e algumas formas de câncer e depressão, contribui para a qualidade de vida de seus participantes. Respeitando as leis biológicas de individualidade, crescimento, desenvolvimento e maturação humana, vai gerar nos alunos o respeito pela sua corporeidade e a das outras pessoas, fazendo eles perceberem e compreenderem, assim, o papel real da atividade física realizada desde a infância na escola como meio de promoção e manutenção da saúde.

A EDUCAÇÃO FÍSICA, A LEI DE DIRETRIZES E BASES (LDB) E OS PARÂMETROS CURRICULARES NACIONAIS

Dentro dos novos parâmetros curriculares nacionais, a educação física contribui como elemento fundamental na formação de cidadãos críticos, participativos e com responsabilidade social.

Uma das metas, no momento atual, é promover a autonomia dos grupos e, no jogo, valorizar o universo da cultura lúdica. A cooperação, a inclusão social, a participação de todos, a criatividade e a diversidade cultural, a aprendizagem e o lazer, o prazer e a qualidade de vida são temas que vêm sendo discutidos nas novas abordagens.

Sem dúvida, passamos por um momento de ebulição teórica, com diversas propostas. Contudo, o que realmente importa é que o professor esteja aberto às mudanças e que tenha a coragem de vivenciá-las juntamente com seus alunos.

2
ASPECTOS PEDAGÓGICOS NA EDUCAÇÃO FÍSICA E NO ESPORTE

EDUCAÇÃO: TENDÊNCIAS PEDAGÓGICAS *VERSUS* PRÁTICAS ESCOLARES

O estudo sobre tendências pedagógicas orientado por Burlamarque (2001) a partir de pesquisas realizadas em uma escola particular auxiliou-nos a organizar, de forma sucinta e agradável, alguns aprofundamentos sobre o tema. Em um primeiro momento, acreditamos que apresentar, de forma sintética, as ideias das principais correntes pedagógicas e sua aplicação no contexto escolar possibilitará ao leitor um entendimento mais profundo e crítico dos temas que serão abordados a seguir.

Essa discussão tem uma importância prática relevante, pois permite a cada professor situar-se teoricamente sobre suas opções, articulando-se e autodefinindo-se.

Para desenvolver a abordagem das tendências pedagógicas, utilizamos como critério a posição que cada tendência adota em relação às finalidades sociais da escola. Assim, dividimos o conjunto em dois grupos:

a) Pedagogia liberal
   1. conservadora/tradicional
   2. renovada progressista
   3. renovada não diretiva
   4. tecnicista

b) Pedagogia progressista
   1. libertadora
   2. libertária
   3. crítico-social dos conteúdos

Para expor as tendências pedagógicas, é necessário, antes, classificá-las em liberal ou progressista e, depois, seguir com a apresentação das pedagogias que as traduzem e que se manifestam na prática docente (Quadro 2.1).

QUADRO 2.1 TENDÊNCIAS PEDAGÓGICAS

Prática escolar	A – Pedagogia liberal			
	Conservadora tradicional	Renovada progressista	Renovada não diretiva	Tecnicista
Papel da escola	Preparação intelectual e moral dos alunos para assumirem sua posição na sociedade. O compromisso da escola é com a cultura. Os problemas sociais pertencem à sociedade.	Adequação das necessidades individuais ao meio social. Retratar, o melhor possível, a vida. Promover integração por meio de experiências.	Formação de atitudes. Ênfase nos problemas psicológicos, mais do que nos pedagógicos ou sociais.	Modeladora do comportamento humano por meio de técnicas específicas. A escola atua no aperfeiçoamento da ordem social vigente (capitalismo). Produzir indivíduos competentes para o mercado de trabalho.
Conteúdos de ensino	Conhecimentos e valores sociais acumulados pelas gerações adultas e repassados aos alunos como verdades.	Estabelecidos em função de experiências que o sujeito vivencia ante desafios cognitivos e situações problemáticas.	Ênfase nos processos de desenvolvimento das relações e da comunicação. O conteúdo é secundário.	É matéria de ensino apenas o que é redutível ao conhecimento observável e mensurável. Visa um saber fazer técnico-científico.
Métodos	Exposição verbal e/ou demonstração. Cinco passos formais de Herbart: a) preparação; b) apresentação; c) associação; d) generalização; e e) aplicação.	A ideia de aprender com a prática está sempre presente. São tentativas experimentais, pesquisas, descobertas, solução de problemas.	Os métodos usuais são dispensados, prevalecendo quase que exclusivamente o estilo do professor como "um facilitador" da aprendizagem do aluno.	Modelar respostas apropriadas aos objetivos do ensino. Metodologia e abordagem sistêmica abrangentes. Programa por passos sequenciais na instrução programada, técnica de microensino e módulos.

(Continua)

QUADRO 2.1 TENDÊNCIAS PEDAGÓGICAS (Continuação)

Prática escolar	A – Pedagogia liberal			
	Conservadora tradicional	Renovada progressista	Renovada não diretiva	Tecnicista
Relação professor/aluno	O professor transmite o conteúdo; o aluno ouve passivamente. Prevalece a autoridade do professor.	Democrática. O professor auxilia o desenvolvimento livre e espontâneo do aluno.	Educação centrada no aluno. Alunos e professores em uma relação interpessoal harmoniosa.	O professor é apenas um elo entre a verdade científica e o aluno. Relações estruturadas, com papéis definidos: o professor transmite os conteúdos; o aluno recebe, aprende e fixa informações.
Pressupostos da aprendizagem	Aprendizagem receptiva e mecânica; repetição de exercícios e treino.	Motivação: situação problemática; deve corresponder aos interesses do aluno; aprender se torna uma atividade de descoberta; é uma autoaprendizagem.	A motivação resulta do desejo de adequação pessoal na busca da autorrealização; a motivação aumenta quando o sujeito desenvolve o sentimento de que é capaz de atingir suas metas pessoais.	Aprender é modificar o desempenho em face de objetivos preestabelecidos. Enfoque diretivo do ensino, centrado no controle das condições que cercam o organismo que se comporta.
Manifestação na prática escolar	Escolas de orientação humanística – clássica ou humanista-científica – Skinner.	Montessori, Decroly, Dewey, Piaget e Lauro de Oliveira Lima.	Carl Rogers, A. Neill.	No Brasil foi introduzido nos anos 60. Leis 5.540/68 e 5.692/71. Skinner, Cagné, Bloon e Mager.

(Continua)

QUADRO 2.1 TENDÊNCIAS PEDAGÓGICAS (Continuação)

Prática escolar	Libertadora	B – Pedagogia progressista	
		Libertária	Crítico-social dos conteúdos
Papel da escola	Papel crítico. Educação é uma atividade em que o professor e o aluno atingem um nível de consciência da realidade, a fim de atuarem no sentido da transformação social.	Exercer uma transformação na personalidade dos alunos em um sentido libertário e autogestionário.	Difusão dos conteúdos vivos, concretos, indissociáveis das realidades sociais.
Conteúdos de ensino	São os "temas geradores" extraídos da problematização da vida prática dos estudantes.	Os conteúdos propriamente ditos são os que resultam de necessidades e interesses manifestos pelo grupo e que não são, obrigatoriamente, as matérias de estudo.	Conteúdos culturais universais que se constituíram em domínios de conhecimento relativamente autônomos, reavaliados face à realidade social.
Métodos	Por meio do diálogo; "grupo de discussão". O professor é um mediador que deve intervir o mínimo; quando necessário fornecer informações mais sistematizadas.	É na vivência grupal, em forma de autogestão, que os alunos buscarão encontrar as bases satisfatórias de sua própria "instituição".	Relaciona a prática vivida pelos alunos com os conteúdos propostos pelo professor. Vai-se da ação à compreensão e da compreensão à ação, até a síntese ou unidade entre teoria e prática.
Relação professor/aluno	Relação horizontal: educador-educando; educando-educador. Ambos são sujeitos do processo.	Não diretiva. O professor é um orientador; ele se mistura ao grupo para uma reflexão em comum.	Colaboração. O papel de mediação em torno da análise dos conteúdos exclui a não diretividade na orientação do trabalho escolar.
Pressupostos da aprendizagem	A motivação se dá a partir da codificação de uma situação-problema, da qual se toma distância para analisá-la criticamente.	Ênfase na aprendizagem informal, via grupo, e a negação de toda forma de repressão, visando favorecer o desenvolvimento de pessoas mais livres.	O conhecimento novo se apoia em uma estrutura cognitiva já existente ou o professor prové a estrutura de que o aluno ainda não dispõe.
Manifestação na prática escolar	Paulo Freire.	Outras tendências pedagógicas correlatas. Abrange todas as tendências antiautoritárias em educação.	Makarenko, B. Charlot, Suchodolski, Manacorda, G. Smyders, Dermeval e Saviane.

A EDUCAÇÃO FÍSICA E A INICIAÇÃO ESPORTIVA

A atividade esportiva praticada na escola deve ter o intuito exclusivamente voltado para a iniciação e a orientação esportiva, jamais devendo enfocar a especialização e o treinamento.

O esporte praticado na escola será de grande importância para o desenvolvimento integral da criança, desde que sejam respeitadas as individualidades dos praticantes.

Na iniciação esportiva escolar, a criança dá seus primeiros passos para o aprendizado, praticando-o sem a rigidez e a seletividade que a *especialização esportiva* exige das equipes federadas de competição. A prática do futsal na escola envolve a adaptação e a familiarização aos seus elementos. Como itens importantes a serem desenvolvidos, destacamos o contato com a bola, o espaço de jogo (quadra), a relação com os colegas e adversários e, principalmente, os aspectos de aquisição motora, visando à utilização das técnicas que envolvem essa modalidade esportiva com menor gasto de energia e à seleção da técnica mais indicada para determinado momento do jogo.

A PEDAGOGIA NO ENSINO DO ESPORTE INFANTIL E SUAS INTERVENÇÕES

Para melhor esclarecer as ideias sobre a iniciação e o processo de aprendizagem dos esportes e nos fundamentarmos de forma pedagógica, iniciamos com as palavras de Telema (1986), afirmando que devemos ter em mente que a atividade esportiva por si só não educa; seus efeitos educativos dependem da situação, criada especialmente em relação aos aspectos de interação social e ao clima afetivo-emocional e motivacional existente. Essas condições dependem de diversos fatores, entre os quais a intervenção do educador nos parece fundamental.

As principais tendências pedagógicas expressas no âmbito da educação formal, como refere Balbinotti (1997, p. 86), podem ser denominadas e definidas como reprodutivistas e construtivistas. A concepção reprodutivista (tradicional) é aquela que prioriza as capacidades intelectuais, situando-as como primeiro e mais relevante objetivo na formação do homem. Seus procedimentos didáticos enfatizam processos normativos que visam uma disciplina rígida. A tônica dessa concepção educativa é uma exposição de conhecimentos por parte do professor, dirigidos a alunos ouvintes e passivos, bem-comportados e estáticos.

Para o mesmo autor, a concepção construtivista pressupõe estratégias de intervenção pedagógica manifestadas por meio da integração entre educação intelectual e corporal e de um conceito de autoconstrução. Isso significa que o processo de elaboração do conhecimento ocorre com a participação e a intervenção ativa do indivíduo em todas as atividades de aprendizagem. A complexidade do processo de construção do conhecimento exige que o professor exerça o papel de agente estimulador dessas relações de interação.

Para Shigunov (1993), a prática pedagógica é um problema central da ação educativa para todos os contextos sociais e fatores envolvidos, tanto em nível de intervenção pedagógica quanto do conteúdo ou da relação.

A capacidade de intervenção pedagógica, como afirma Carreiro da Costa em publicação de 1988 (citado por Shigunov e Pereira, 1993, p. 16), "é não só uma realidade desejável, como imprescindível, ela só ganha verdadeiro sentido pedagógico quando exprime uma metodologia de ensino consentânea com as características da atividade humana".

Para Bordenave e Pereira (1983), na relação professor-aluno, o problema reside no fato de não contarmos ainda com suficiente conhecimento teórico e pesquisa para determinar quais características pessoais mais influenciam a aprendizagem, e de que maneira o fazem.

Enquanto não forem estudados e evidenciados os elementos mais importantes da intervenção pedagógica do professor, tanto nos aspectos instrucionais quanto nos afetivos, devemos entender que a relação pedagógica não será promovida nem concretizada com toda a sua força formativa.

As novas tendências pedagógicas para a educação física infantil visam, hoje, proporcionar que a criança experimente as várias possibilidades de movimentos corporais a partir de sua criatividade e autoconstrução. Nessa abordagem, ela participa intensamente das decisões de todo o processo educativo.

A educação a ser exercida pelo professor, segundo Finger (1971), deverá obedecer a uma pedagogia e a uma metodologia que, além de permitirem a solução e a previsão de situações decorrentes da aprendizagem e da prática do jogo, respeitem os interesses de cada faixa etária.

Sabemos também que, para alcançar nossas metas no meio educativo, além de termos o conhecimento profundo ou até mesmo uma vivência da prática esportiva, é de suma importância possuirmos um conhecimento mais amplo a respeito do grupo que será trabalhado. Isso requer pesquisas e estudos nas áreas diretamente envolvidas com nosso trabalho.

Por exemplo, quando se desenvolve um trabalho de iniciação esportiva na escola para crianças entre 6 e 12 anos, deve-se estar atento para algumas questões pedagógicas que envolvem o processo de ensino-aprendizagem.

- O corpo, nessa fase, é o referencial da percepção, o meio pelo qual a criança absorve o mundo e manifesta sentimentos, sensações e até mesmo opiniões.
- O professor deve desenvolver os aspectos do esquema corporal, do equilíbrio, da lateralidade, da organização do corpo no espaço e no tempo, da coordenação motora grossa e fina, não esquecendo o

que é característico na idade: correr, saltar, lançar, transportar, trepar, rastejar e rolar.
- Deve ser oportunizada uma variedade de experiências motoras, bem como um contato com vários tipos de objetos em diferentes espaços, proporcionando, assim, a conscientização do próprio esquema corporal.
- No período escolar é possível realizar um trabalho integrado com as demais disciplinas, fazendo uso da interdisciplinaridade.
- Toda atividade em forma de recreação é mais atrativa para as crianças. O lúdico e o brincar são tão importantes para elas quanto respirar, comer e dormir.
- Torna-se importante elaborar atividades de acordo com o interesse das crianças, observando e não permitindo as manifestações de cansaço, impaciência e desinteresse.
- A linguagem utilizada deve ser objetiva e de fácil compreensão.
- As atividades desenvolvidas deverão propiciar a socialização, a integração e a autoestima.
- É importante que o professor estimule as crianças à criação e à organização das atividades sem, é claro, perder o controle da turma. Ele poderá usar as seguintes perguntas: Quem consegue...? Quem é capaz de...? Quem sabe outra maneira de...?
- Deverá ser mantida a motivação da turma e o seu interesse pelas atividades, sabendo a hora de trocá-las.
- O educador deve transmitir o gosto de aprender e de se aperfeiçoar, principalmente para despertar o interesse da criança pela prática esportiva.
- É necessário que os alunos se sintam seguros e desinibidos para participarem de todas as atividades. Deve ser oferecido um ambiente livre de tensões, mantendo, assim, um clima propício para a aprendizagem.
- Deve-se incentivar principalmente os alunos que têm dificuldades, elogiando-os a cada conquista, e deixando para aqueles que possuem mais facilidade o compromisso de auxiliar na transmissão da sua experiência.
- A individualidade de cada criança deve ser respeitada. Deve-se, também, estar atento à progressão dos exercícios, partindo sempre do mais fácil ao mais difícil e do simples para o complexo.
- É preciso avaliar o desenvolvimento psicomotor dos alunos mais desenvolvidos fisicamente, mas que, na realidade, possuem a mesma capacidade mental das outras crianças de sua idade. É necessário estar atento à maturidade motora e mental (emocional) das crianças.

- É preciso dar atenção a fatores externos que possam interferir no andamento do trabalho proposto. O maior exemplo é a pressão que os pais exercem sobre seus filhos ao tentar satisfazer seus próprios desejos de infância ou projetando um futuro promissor para a criança no esporte. É indicado conversar com os pais e mostrar o que esse tipo de ação pode acarretar na criança.

Para concluir, lembramos que a criança não é um adulto (atleta) em miniatura, e o treinador ou professor, além de sua tarefa técnica, também tem responsabilidade pedagógica com o futuro do jovem a ele confiado.

MODELOS DE ENSINO ESPORTIVO

Embora existam vários modelos de ensino, este livro optará pela análise daqueles que prevalecem nos programas de iniciação esportiva. Portanto, dando seguimento às reflexões, utilizou-se a classificação de Heinila (citado por Ferreira, 1984) sobre o processo de ensino em educação física. Tal classificação foi utilizada no Brasil por Ferreira (1984), que elabora e acrescenta indicadores e referenciais para um esquema conceitual, denominado matriz analítica, a fim de realizar uma crítica à realidade do ensino da educação física infantil.

Para a autora, o modelo de reprodução em educação física é caracterizado pela atitude acrítica, tanto da realidade interna, constituída pelas experiências que o aluno adquire, quanto das condições econômicas, sociais e culturais que constituem a realidade externa. Nele, o esporte é valorizado como paradigma ideal de educação, reproduzindo os padrões sociais da classe dominante. Nesse sentido, os objetivos educacionais servem para conservar e reforçar as diferenças entre as classes sociais. O modelo de reprodução também assume o esporte como foco do sistema de ensino e tem como fonte de informação as técnicas, as habilidades esportivas e o conhecimento dos mecanismos psicofisiológicos do treinamento esportivo. Sua fonte de normas e sanções provém da *performance* e das vitórias esportivas, das competições e das classificações por desempenho. O professor é visto como o controlador de atividades, treinador e técnico, preocupado em fazer do aluno um atleta em potencial, ou seja, seu objeto de treinamento. As metodologias empregadas têm sua referência em modelos ideais de execução, predominando procedimentos diretivos. Finalmente, no que diz respeito ao critério de avaliação, há um predomínio de caráter somativo. O modelo de transformação, por sua vez, é caracterizado pela atitude de reflexão sobre a realidade, modificando a percepção que o indivíduo tem de suas experiências e do mundo que o cerca. Nessa perspectiva, a educação física é sempre processo, realimentado pela prática consciente dos sujeitos sobre a realidade esportiva, numa concepção dialética, favorecendo a aprendizagem e a avaliação dos resultados. Desse ponto de vista, o professor explora situações de conflito que levam o aluno a perceber a realidade de forma múltipla e a si mesmo como agente dessa realidade. Assim, o foco do ensino é o aluno, capaz de decifrar o mundo que o cerca. A perspectiva de transformação tem como fonte de informação o conhecimento funcional da natureza do homem e como fonte de normas e sanções um amplo processo de negociação com as crianças, partindo de seus interesses, necessidades e motivações. Conseguiria-se, assim, articular um sistema de disciplina intrínseco ao processo. O professor, nesse enfoque, é visto como facilitador e orientador das atividades, preocupado em estimular uma participação maior e mais consciente dos alunos em todos os níveis. As metodologias empregadas têm um caráter mais ativo e estimulante; utilizam procedimentos diversificados, dirigidos a motivar os diferentes níveis de aspiração dos alunos, com um predomínio dos processos indiretos de ensino (iniciativa centrada no aluno). Finalmente, com relação ao principal critério de avaliação, haverá uma ênfase sobre a avaliação do tipo formativa. Isso significa que a preocupação existente é a de disponibilizar informações qualitativas em relação ao domínio e não aos objetivos, permitindo a devida colaboração e participação crítica do próprio aluno.

Os modelos citados por Heinila e Ferreira têm auxiliado diversos estudos a detectar as ambiguidades entre as ideias e ações educativas dos professores em programas de iniciação esportiva. Isso se confirma nos estudos de Brauner (1994), ao analisar as intervenções pedagógicas em programas de iniciação ao basquetebol, e Voser (1999a), nos estudos em escolinhas de futsal, quando ambos observaram uma prática pedagógica tradicional, centrada na competição, no êxito e na seletividade, incidindo em uma *iniciação precoce*.

Esses achados trazem grandes preocupações e traduzem a realidade do mundo no esporte infantil.

MÉTODOS DE ENSINO NA EDUCAÇÃO FÍSICA E NO ESPORTE

Todos os professores, em suas atividades de ensino, devem ter conhecimento do processo de aprendizagem e dos métodos de ensino a serem aplicados. Por muito tempo, ao abordarmos o tema dos métodos de ensino em educação física, logo eram referenciados os métodos global, parcial e misto. Tais métodos serviram de inspiração para muitas pesquisas em que, na maioria das vezes, os pesquisadores comparavam um método ao outro, na tentativa de descobrir qual apresentaria maior êxito e eficácia no ensino da educação física. Posteriormente, outros termos e métodos foram surgindo, tais como global em forma de jogo, confrontação, série de jogos, entre outros tantos. Na verdade, a palavra "método" refere-se ao *caminho* a ser percorrido para alcançar os objetivos propostos (Quadro 2.2).

QUADRO 2.2 METODOLOGIAS DE ENSINO NO ESPORTE

- Compreender uma metodologia ou método de ensino é pensar em caminhos e perceber que os significados mais comuns estão relacionados à maneira de ordenar ou organizar uma ação em busca de um objetivo.
- Em se tratando de esporte, o método de ensino trata do caminho que se percorre para ensinar e inserir os alunos em suas práticas.

MÉTODOS TRADICIONAIS ⇨ ESTRUTURAS TÉCNICAS ⇨ COMO FAZER		
Método parcial/analítico-sintético	**Método global/global-funcional**	**Método misto**
A **ênfase** está nos **aspectos técnicos** e na execução de elementos fundamentais próprios da modalidade, como, por exemplo, **a condução, o drible, o passe e o chute**.	**É orientado exclusivamente para o jogo.** Os autores caracterizam essa metodologia como **"método de confrontação"**.	No primeiro, o processo de iniciação esportiva **privilegia a aquisição de "formas simplificadas da técnica do jogo"**; no segundo, os alunos devem ser inseridos, desde o princípio, na **"ideia simplificada do jogo"**.
Vantagens: 1. facilidade com que pode ser implantada; 2. não implica necessariamente a utilização de materiais e espaços específicos; 3. o professor precisa apenas ter conhecimento específico sobre "o que fazer" (técnica); 4. os alunos têm chance de iniciarem a partir da execução de elementos mais simples e menos complexos do jogo; 5. devido ao fato de o processo de aprendizagem ser dividido em etapas, há considerável possibilidade de êxito na execução dos elementos técnicos.	**Vantagens:** 1. o desejo dos alunos de jogar é atendido; 2. os elementos do jogo são desenvolvidos em condições reais e não necessita ser decomposto em elementos tão básicos; 3. a relação entre alunos é mais efetiva, as destrezas motoras e o conhecimento tático do jogo podem ser desenvolvidos simultaneamente; 4. os jogadores podem vivenciar diversas experiências de jogo; 5. organização e desenvolvimento das atividades são considerados simples.	No sentido de aproveitarem as vantagens minimizando as desvantagens, há aqueles que aplicam o que se denomina de "metodologia mista", caracterizada pela **utilização simultânea de princípios pedagógicos de ambas as propostas**.

(Continua)

QUADRO 2.2 METODOLOGIAS DE ENSINO NO ESPORTE (Continuação)

MÉTODOS TRADICIONAIS ⇔ ESTRUTURAS TÉCNICAS ⇔ COMO FAZER		
Método parcial/analítico-sintético	**Método global/global-funcional**	**Método misto**
Desvantagens: 1. não possibilita, pelo menos a princípio, a satisfação que o jogo proporciona; 2. a aula pode acontecer de maneira monótona, especialmente para os mais habilidosos; 3. aqueles que apresentam mais facilidade na execução dos movimentos sentem-se "amarrados", "presos" às sequências predeterminadas que, embora tenham uma relação mínima com o jogo, estão muito além dele; 4. o aluno dificilmente consegue visualizar a relação do exercício com o jogo, o que pode dificultar a tomada de decisão e, consequentemente, a execução do movimento e o entendimento do jogo e de suas relações; 5. a metodologia decorre alheia ao jogo.	**Desvantagens:** 1. a confrontação pode representar uma sobrecarga; 2. a possibilidade de sucesso não é tão frequente e comum como na metodologia parcial; 3. o aluno menos habilidoso pode ser excluído e a aprendizagem pode ser retardada; 4. a execução inadequada de movimentos e comportamentos táticos incorretos são mais frequentes e descontrolados, pois o professor dificilmente consegue corrigir ou mesmo visualizar todos os erros de tomada de decisão, execução de movimentos e de posicionamento.	É comum a seguinte divisão: 1ª parte – aquecimento com ou sem bola (habitualmente sem bola); 2ª parte – corpo principal da aula, em que são abordados os gestos específicos da atividade considerada, por meio de situações simplificadas, com ou sem oposição; 3ª parte – em função do tempo disponível utiliza-se formas jogadas (jogos reduzidos ou jogo formal).
Consequências: Ações de jogo mecanizadas, pouco criativas, comportamentos estereotipados. Problemas na compreensão do jogo (leitura deficiente, soluções pobres).	**Consequências:** Jogo criativo, mas com base no individualismo; virtuosismo técnico contrastando com anarquia tática. Soluções motoras variadas, mas com inúmeras lacunas táticas e falta de coordenação das ações coletivas.	Ex: Aula contempla a técnica e o jogo.
Ex: Aula centrada apenas em exercícios.	Ex: Aula centrada apenas no jogo.	

(Continua)

QUADRO 2.2 METODOLOGIAS DE ENSINO NO ESPORTE (Continuação)

MÉTODOS MODERNOS ⇔ ESTRUTURAS TÁTICAS ⇔ O QUE, QUANDO, E POR QUE FAZER

Método recreativo	Método situacional/condicionado
O conceito recreativo de jogo se apoia na **"ideia simplificada do jogo"**. Quando os autores tratam a "ideia simplificada do jogo", eles se referem ao que denominaram de **"pequenos jogos"**, que têm sua importância nas semelhanças aos "grandes jogos".	Diferentemente dos métodos analítico-sintético, global-funcional, misto e do conceito recreativo do jogo, é **caracterizado por não se trabalhar, em nenhum momento, aspectos técnicos e táticos separadamente**. Neste método a aprendizagem é determinada pelos princípios do jogo, na qual **a técnica é aprimorada por meio da complexidade tática**. É **"conveniente que a técnica responda às situações do jogo"**. O jogo como recurso pedagógico • Jogar se aprende jogando • Inteligência tática se aprende jogando • O jogo formal não atende a todos os alunos • O "pulo" da técnica isolada para o jogo formal é "grande demais" para muitos alunos Necessidade de "adequar" o jogo aos alunos • Mudança no formato, regras, condições, entre outros. – Aumentar ou diminuir o campo de jogo – Diminuir o número de jogadores – Condições técnicas definidas (tipo de passe, arremesso, etc.) – Criar ou subtrair regras para atender aos objetivos da aula

(Continua)

QUADRO 2.2 METODOLOGIAS DE ENSINO NO ESPORTE (Continuação)

MÉTODOS MODERNOS ⇔ ESTRUTURAS TÁTICAS ⇔ O QUE, QUANDO, E POR QUE FAZER

Método recreativo	Método situacional/condicionado
Vantagens: 1. os participantes praticam, desde o início, o jogo que pretendem aprender; 2. a aprendizagem progride de maneira gradual; 3. devido à intervenção ativa e à possibilidade de encontrar soluções para os problemas que surgem durante a prática, sentem-se altamente motivados; 4. os alunos, desde o início, vivenciam a complexidade do jogo adaptado às características e às necessidades de cada idade, fazendo com que se adaptem à estrutura social do jogo e se comportem de maneira adequada frente às dificuldades; 5. as atividades não são monótonas; 6. os problemas e as dificuldades são vivenciados a um nível adequado de solubilidade, o que minimiza a sensação e a vivência de fracassos; 7. as imperfeições podem ser corrigidas mais facilmente.	**Vantagens:** 1. a aprendizagem ocorre de maneira gradativa; 2. o próprio aluno participa do processo de tomada de decisão, o que o torna "agente ativo no seu processo de aprendizagem"; 3. os alunos com baixo nível de desempenho conseguem participar e aprimorar adequadamente aspectos técnicos e táticos; 4. o conhecimento das estruturas do jogo facilita a aprendizagem de outras modalidades. **Consequências:** As técnicas surgem em função da tática, de forma orientada e provocada. Inteligência tática: conecta interpretação e aplicação dos princípios do jogo; viabilização da técnica e criatividade nas ações de jogo.
Ex: Aulas centradas em atividades lúdicas recreativas, brincadeiras populares, série de jogos e mini-jogos.	Ex: Jogos reduzidos (1x1) – (2x1) – (3x2) – (1x1 +1), jogos situacionais, jogos de apoio e jogos condicionados e adaptados.

Com base na didática, cada professor, partindo de diretrizes metodológicas seguras e atualizadas, pode e deve organizar seu próprio método. O bom professor é aquele que busca constantemente um método melhor e mais adequado para seus alunos, respeitando a realidade, o momento e, principalmente, suas características individuais.

É importante salientar que cada método tem suas vantagens e desvantagens, mas todos são operacionais, e nenhum é desprezível.

Algumas dicas importantes para o sucesso no desenvolvimento da aula:

- estabelecer vínculo afetivo com os alunos;
- transmitir apoio e segurança;
- usar o reforço positivo;
- manter a motivação;

Atividades lúdicas geram motivação.
Na foto, uma atividade de acertar ao alvo.

- trabalhar com as diferenças, assegurando a participação de todos os alunos;
- promover a convivência entre meninos e meninas;

Na foto, observa-se a integração entre meninos e meninas em uma atividade de condução e chute ao gol. Sempre que possível, evitar "meninos para lá e meninas para cá", apesar de a separação às vezes poder ser utilizada como estratégia pedagógica.

- estimular a interdisciplinaridade;
- contemplar, por meio da metodologia indicada no período de iniciação, as características, as necessidades e os interesses da criança. O lúdico, a recreação e as atividades pré-esportivas são bem-indicados;
- atentar para a adaptação da criança ao jogo, permitindo a sua relação com o espaço, com a bola, com os colegas e com os adversários;
- enfatizar as capacidades motoras;

Essa atividade envolve a capacidade motora. O aluno realiza o zigue-zague entre os cones, para finalmente chutar ao gol.

- mostrar organização, apresentar os objetivos no início da aula e sempre finalizar com atividades calmantes, como brincadeiras, alongamento e, principalmente, com conversa final abordando os fatos ocorridos (positivos e negativos). Ao final, os alunos devem ajudar o professor a recolher o material utilizado na aula;

Conversa inicial sobre o que vai ser desenvolvido em aula.

- explicar e demonstrar a atividade, quando necessário;
- participar efetivamente das atividades;

O professor observa atentamente uma atividade de condução de bola.

- incentivar os alunos à criação e à reformulação de regras;
- considerar o contexto e o interesse da turma;
- perceber quando a atividade perdeu a motivação ou quando o grau de exigência está muito elevado. Trabalhar do simples para o complexo, do fácil para o difícil; e
- manter reuniões periódicas com os demais professores e pais, apresentando a metodologia utilizada.

3

ASPECTOS MOTORES

AS FAIXAS ETÁRIAS NA ESCOLA E A AQUISIÇÃO MOTORA

Antes de tecer comentários sobre os aspectos ligados às relações entre a atividade física-esportiva na escola e o crescimento, o amadurecimento e o desenvolvimento, é importante observarmos os anos escolares e as faixas etárias correspondentes. Apresentamos, a seguir, as idades geralmente encontradas em cada ano.

Ensino fundamental – anos iniciais
 1º ano – 6, 7 e 8 anos
 2º ano – 7, 8 e 9 anos
 3º ano – 8, 9 e 10 anos
 4º ano – 9, 10 e 11 anos
 5º ano – 10, 11 e 12 anos

Ensino fundamental – anos finais
 6º ano – 11, 12 e 13 anos
 7º ano – 12, 13 e 14 anos
 8º ano – 13, 14 e 15 anos
 9º ano – 14, 15 e 16 anos

Ensino médio
 1ª série – 15, 16 e 17 anos
 2ª série – 16, 17 e 18 anos
 3ª série – 17, 18 e 19 anos

Conforme expõem Malina e Bouchard (1991; citados por Vargas Neto e Voser, 2001), existem diferenças conceituais entre crescimento, amadurecimento e desenvolvimento. Posteriormente, tais diferenças serão de extrema importância para a compreensão de como se estabelecem as aquisições motoras e de como ocorre a especialização esportiva, respeitando os critérios individuais da criança.

a) **Crescimento**. É a atividade biológica dominante durante as duas primeiras décadas da vida humana e supõe um incremento do tamanho global do corpo, ou de suas partes, como consequência de três processos celulares:

- *hiperplasia:* aumento do número de células;
- *hipertrofia:* aumento do tamanho das células;
- *acrescimento:* proliferação de substâncias intercelulares.

Em geral, o crescimento se inter-relaciona com os componentes *morfológicos* ou *somáticos*, ou seja, o aumento nas diferentes dimensões corporais, como tamanho, peso, proporções, etc.

b) **Amadurecimento**. Trata-se de um termo menos nítido que crescimento; indica o ritmo, a progressão na qual se evolui até o estado maduro ou a maturidade. Indica, definitivamente, o ritmo e a cronologia das mudanças. A maturidade costuma expressar-se de diferentes formas:

- *sexual:* desenvolvimento da capacidade funcional reprodutiva;
- *esquelética:* ossificação do esqueleto humano;
- *dental:* aparição, queda e reposição das diferentes peças dentais.

Às vezes, no amadurecimento também se incluem os componentes morfológicos ou somáticos (tamanho, peso, etc.).

c) **Desenvolvimento**. Entende-se por desenvolvimento a referência às mudanças que o ser humano experimenta ao longo de sua vida e que são fruto do amadurecimento de todas as estruturas orgânicas e da interação – em duplo sentido, de adaptação ao meio e de intervenção nele – entre o próprio sujeito e seu ambiente. O desenvolvimento é o "processo de mudança biológica e de conduta".

O desenvolvimento biológico refere-se à diferenciação celular dirigida à função, fruto da ativação e da repressão genética; enquanto o desenvolvimento da conduta supõe a adaptação do indivíduo ao meio cultural no qual se insere.

d) **Idade cronológica e idade biológica**. O crescimento, o amadurecimento e o desenvolvimento têm um marco temporal, ou seja, são estudados em um momento concreto ou ao longo de um tempo determinado. Dentro desse marco temporal cabe diferenciar idade cronológica e idade biológica:

- *idade cronológica*: faz referência ao tempo transcorrido desde o início da gestação (período pré-natal) ou desde o nascimento (período pós-natal);
- *idade biológica*: faz referência ao grau de amadurecimento individual.

Dois indivíduos com a mesma idade cronológica podem ter, em relação ao seu grau de amadurecimento, idades biológicas diferentes.

e) **Etapas cronológicas ou períodos do crescimento.** Dentro do marco temporal anteriormente comentado, distingue-se um conjunto de etapas. Classicamente, distinguem-se, desde o nascimento até a velhice, os seguintes períodos de crescimento:

- *período neonatal, ou do recém-nascido*: abrange as duas primeiras semanas de vida extrauterina;
- *período da primeira infância, ou simplesmente infância*: compreende os dois primeiros anos de vida; sendo o primeiro ano o período de lactância, e o segundo ano o período de desmame;
- *período da segunda infância, ou meninice*: vai dos 2 aos 6 anos; é também denominado de idade pré-escolar;
- *período da terceira infância, ou da puerícia*: estende-se desde os 6 anos até o início da puberdade. Como a crise puberal é variável e depende de muitos fatores, o limite superior dessa etapa não é fixo. Considera-se, segundo a maioria dos autores, que o início da crise puberal se desenvolve entre os 10 e os 11 anos nas meninas e entre os 11 e os 12 anos nos meninos;
- *período da puberdade*: inclui, por sua vez, o período pré-puberal, período de crise puberal e o período pós-puberal. O fim da puberdade costuma ocorrer entre os 13 e os 15 anos nas meninas e entre os 15 e os 17 anos nos meninos;
- *período da adolescência*: compreende os anos que vão desde o final da puberdade até o final do crescimento somático – terminando com a soldagem das cartilagens de conjunção. Em geral, admite-se que nas mulheres isso acontece em torno dos 24 anos e nos homens ao redor do 25 anos;
- *período da idade adulta, ou fase da maturidade*: entendido como o período inicial da maturidade, quando são produzidas uma série de mudanças que oferecem uma ampla escala de variabilidade, mantendo sempre a mesma tendência irreversível (até a senilidade e a involução), que culminará com o último período da fase evolutiva do homem, a velhice.

De acordo com Carazzato (1995), em seu artigo "A criança e o esporte: idade ideal para o início da prática esportiva competitiva", as fases analisadas e propostas são as seguintes:

1. **Primeira fase (0 a 1 ano)** – é a fase do conhecimento, em que surgem os quatro padrões neurológicos: o *primeiro padrão flexor*, que vai até o 3º mês de vida, quando ocorre uma flexão natural dos quadris e dos joelhos; a seguir, o *primeiro padrão extensor*, uma atitude reflexa que vai dos 3 até os 5 meses de vida; posteriormente, o *se-*

gundo padrão flexor, quando o funcionamento adequado do quadril e dos joelhos permite sentar; e, por fim, o *segundo padrão extensor*, que ocorre entre os 10 e os 14 meses de idade, quando a criança fica na posição ereta e caminha.

2. **Segunda fase (1 a 6 anos)** – complementa o desenvolvimento neuropsicomotor da criança, proporcionando a coordenação motora de andar, correr, saltar, cair, arremessar e pegar objetos.
3. **Terceira fase (6 a 12 anos)** – ocorre em conjunto o crescimento ósseo e o muscular, o desenvolvimento geral do organismo, o psíquico e mental respectivamente.
4. **Quarta fase (12 a 18 anos)** – é o momento do desenvolvimento final dos padrões motores do ser humano, proporcionando o completo domínio dos movimentos.

ASPECTOS RELACIONADOS AO DESENVOLVIMENTO MOTOR

Ao nascer, o ser humano apresenta muitas estruturas ainda não totalmente desenvolvidas, em nível cerebral, neural ou motor. O processo de maturação dessas estruturas ocorre de forma lenta e progressiva, e seu gestual vai se diversificando e tornando-se complexo com o passar do tempo. Para cada etapa do período de desenvolvimento infantil existem aspectos relevantes acerca do comportamento psíquico e motor que determinam a mecânica e a plástica do movimento executado (OLIVEIRA, 1998, p. 40).

Para maior compreensão do desenvolvimento motor, apresentaremos a seguir a ampulheta de Gallahue (1996). Essa ampulheta favorece a observação das atividades desenvolvidas nas devidas épocas, aplicando-as no cotidiano, no campo recreativo e no campo esportivo, mostrando seu caráter competitivo, formativo e educacional. É importante salientar a fase dos movimentos fundamentais e a fase de movimentos relacionados às habilidades esportivas, uma vez que apresentam as faixas etárias de interesse para o nosso estudo. A fase dos movimentos fundamentais é aquela em que eles estão inseridos no dia a dia da criança, constituindo-se em um padrão comum e simples, caracterizado por movimentos básicos, como corridas, rolamentos, saltos, giros, entre outros. São atividades desprovidas de intenção sistematizada, sendo esses movimentos relacionados com a necessidade de interação do ser humano. A quarta fase da ampulheta, relacionada às habilidades esportivas, caracteriza-se por movimentações mais específicas, normalmente identificadas com determinado esporte que, por vezes, não se constitui de movimentos comuns, requerendo experiência motora anterior.

De acordo com Oliveira (1998), pode-se afirmar que a aprendizagem motora depende do processo de amadurecimento estabelecido nas fases do desenvolvimento motor e que se concretiza por meio da relação recíproca entre o ser humano e o ambiente. Segundo o autor, essa capacidade de interação é possível devido aos mecanismos perceptivos e proprioceptivos existentes no ser humano, funcionando como "porta de entrada" das informações.

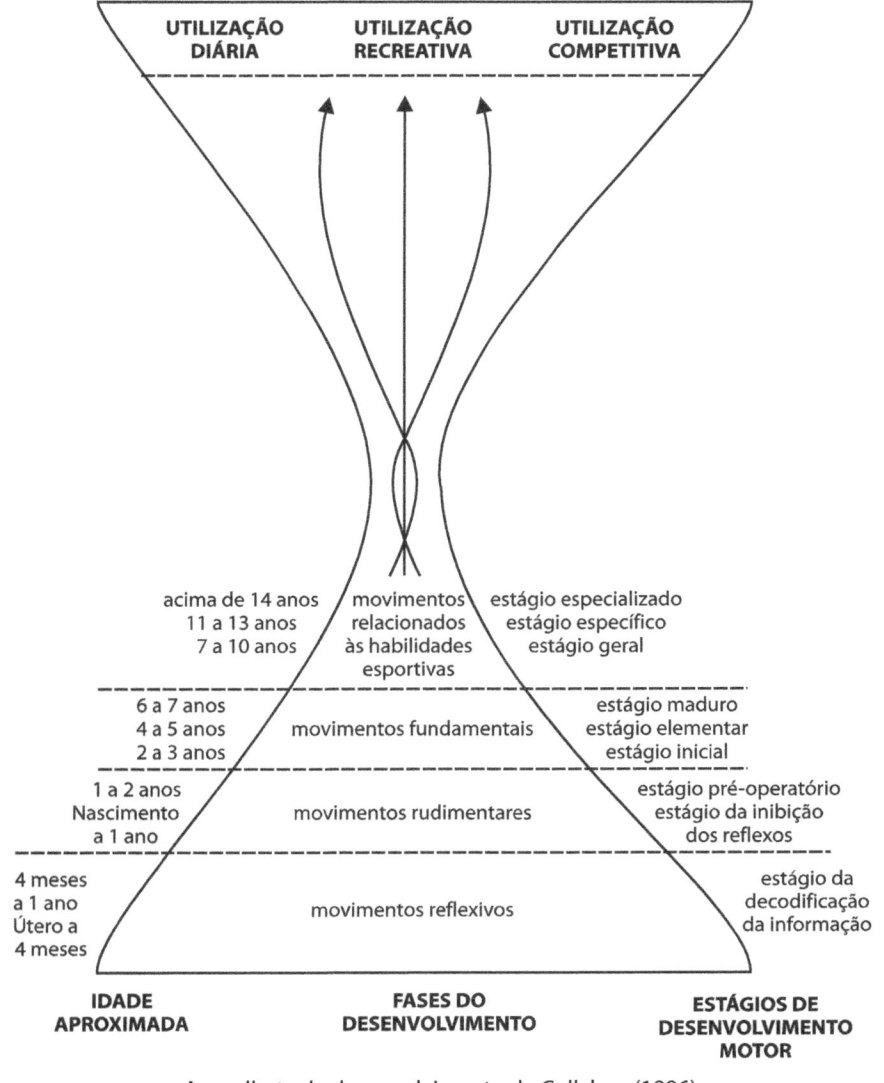

```
                    UTILIZAÇÃO      UTILIZAÇÃO      UTILIZAÇÃO
                      DIÁRIA        RECREATIVA      COMPETITIVA
```

IDADE APROXIMADA	FASES DO DESENVOLVIMENTO	ESTÁGIOS DE DESENVOLVIMENTO MOTOR
acima de 14 anos 11 a 13 anos 7 a 10 anos	movimentos relacionados às habilidades esportivas	estágio especializado estágio específico estágio geral
6 a 7 anos 4 a 5 anos 2 a 3 anos	movimentos fundamentais	estágio maduro estágio elementar estágio inicial
1 a 2 anos Nascimento a 1 ano	movimentos rudimentares	estágio pré-operatório estágio da inibição dos reflexos
4 meses a 1 ano Útero a 4 meses	movimentos reflexivos	estágio da decodificação da informação

Ampulheta de desenvolvimento de Gallahue (1996).

O mesmo autor afirma, ainda, que a interação ser humano-movimento-ambiente promove contínuas alterações no comportamento, sejam motoras, sejam psíquicas.

Oliveira (1998) discorre sobre os níveis de especialização esportiva iniciada para diferentes idades a partir dos 12 anos:

Etapa de incorporação: Situa-se entre 11 e 13 anos e consiste no aprendizado básico da modalidade. Todo alicerce técnico vai ser construído por meio dele. Não há, ainda, a preocupação com a *performance* (rendimento). É importante que sejam trabalhados os seguintes aspectos: ritmo dos movimentos específicos; posições e movimentações corporais básicas; capacidade de identificação das áreas demarcadas (quadra, praça esportiva, piscina, área de combate, etc.); adaptação aos materiais; e aprendizado das regras específicas.

Etapa de aperfeiçoamento: Situa-se entre 13 e 16 anos, sendo que nessa etapa o indivíduo se aprimorará tanto física como mentalmente, ampliando o ciclo de aprendizagens essenciais. De forma geral, essa etapa abrange os seguintes aspectos: aumento gradativo da velocidade de execução e coordenação dos movimentos específicos; atitudes e movimentos corporais mais complexos; domínio total do material esportivo; compreensão e interpretação das regras; e desenvolvimento da tática de jogo ou da estratégia de competição.

Etapa de eficiência: Vai dos 16 aos 18 anos e caracteriza-se por definições no âmbito da especialização esportiva. Até esse momento, a criança não deveria ser tratada como atleta. Busca-se, nessa etapa, a eficácia dos gestos, ou seja, a aplicação correta, consciente e consistente. Para tanto, deve-se considerar os seguintes aspectos: domínio tanto da técnica como da tática do jogo; condições físicas ideais para o início do rendimento esportivo; treinamentos específicos durante grande parte do tempo; e preocupação com a eficácia e a perfeição das atitudes esportivas.

Etapa de rendimento: É a última etapa da especialização esportiva; fase em que o indivíduo já pode ser considerado um atleta; busca-se o alto nível, no qual se destacam os seguintes itens: treinamentos sistematizados; preparação física intensa; exigências cognitivas (tomada de decisão, tempo de reação); elevado senso de elaboração e tático; e busca de vitória e conquista de competições.

De modo geral, alguns aspectos deverão estar presentes no ensino esportivo para as idades iniciais:

- base motora com controle do gesto motor e consolidação do conhecimento do próprio corpo, principalmente no ambiente de jogo;
- desenvolvimento físico geral e específico;
- vivências amplas relacionadas à técnica e à tática de jogo em diferentes situações, possibilitando o desenvolvimento do raciocínio, da

tomada de decisão, da observação e da antecipação das situações que ocorrem durante o jogo; e
- a consciência da importância do grupo, aliada à sua habilidade individual, controle dos fatores de ansiedade e respeito às leis do jogo.

A CRIANÇA MODERNA, O SEDENTARISMO E A CRISE DE IDENTIDADE

Nós, professores de educação física, admiradores do movimento humano, nos deparamos com uma mudança extremamente significativa no que diz respeito às características dos nossos alunos. Poderíamos listar uma série de mudanças, como o percentual elevado de crianças obesas e sedentárias, muitas delas com graves problemas de ansiedade, com pobreza motora e, principalmente, sem limites no que diz respeito a regras, colegas e professores. No dia a dia da escola, tentamos compreender o porquê dessa mudança. Na visita a algumas escolas, ao debater o assunto com outros colegas, logo aparecem explicações como: "Coitado, ele age assim porque os pais estão em processo de separação", "Os pais até hoje nunca apareceram na escola, quem o traz é a avó, às vezes a empregada; outras ainda é o micro-ônibus", "Muitas vezes, nós, professores, tentamos dar os limites, mas a própria escola apoia o aluno, pois tem medo de perdê-los para outras escolas", "O atrativo dos alunos é o computador, a aula de inglês (muitas vezes, obrigados pelos pais)...", "Eles estão dispersos, parecem que estão sempre cansados".

Não podemos esquecer que estamos na era do conhecimento, e tudo acontece em alta velocidade. Estamos sempre atrás de algo novo, não podemos mais parar, somos cada vez mais exigidos. Corremos com o carro de um lado para o outro; às vezes comemos na rua, outras vezes comida enlatada ou descongelada; usamos os equipamentos eletrônicos para facilitar as atividades; com a violência urbana, estamos assustados e, por conseguinte, nos isolamos em casa. Os nossos filhos passam pelo mesmo processo, realizando, cada vez mais, atividades que não possibilitam o movimento, como ver televisão e brincar com jogos eletrônicos, adquirindo hábitos de vida totalmente sedentários.

As crianças não brincam mais na rua; o lúdico e o simbólico, importantes na formação de pessoas criativas e espontâneas, não fazem mais parte do contexto.

Desse modo, ressalta-se a importância de a escola oferecer às crianças uma educação física que estimule o hábito da atividade física, inserido-a em sua cultura.

4

FUTSAL: HISTÓRICO, TÉCNICA E TÁTICA

A HISTÓRIA DO FUTSAL

Existe uma grande controvérsia sobre a origem do futebol de salão. Não se sabe se foram os brasileiros que, ao visitarem a Associação Cristã de Moços (ACM) de Montevidéu, levaram do Brasil o hábito de jogar futebol em quadras de basquete, ou se conheceram a novidade ao ali chegarem e, retornando, difundiram a prática em território nacional.

Mesmo não sendo o intuito deste trabalho a descoberta do real precursor do futebol de salão, apresentaremos os principais fatos que marcaram a história desse esporte.

O futebol de salão nasceu na década de 1930 e foi criado na ACM de Montevidéu, Uruguai. As inúmeras conquistas que o Uruguai obteve naquela época fizeram do futebol o esporte mais praticado naquele país, tanto por crianças quanto por adultos. Consequentemente, faltavam espaços e campos para a sua prática. A solução encontrada foi improvisar locais menores, como quadras de basquete e salões de baile. Contudo, como tal espaço era muito menor do que o dos campos de futebol, foram necessárias algumas modificações no seu modo de jogar.

Por volta de 1933, foram redigidas as primeiras regras, fundamentadas no futebol (essência do jogo), no basquete (tamanho da quadra), no handebol (trave e área) e no pólo aquático (regulamentação do goleiro, que não pode sair do limite da área de meta).

Nesse período, por ocasião de um curso no Uruguai, patrocinado pelo Instituto Técnico da Federação Sul-Americana das ACMs, cópias dessas regras foram distribuídas a todos os representantes da América do Sul.

O primeiro escrito sobre o futsal no Brasil, de autoria de Roger Grain, foi publicado em 1936 em uma revista de educação física, na qual são apresentadas as regras do esporte.

Por volta de 1942, no Uruguai, o futebol de salão já havia conquistado a simpatia de todos. O esporte que inicialmente era exclusividade das crianças passou a ser o preferido dos adultos.

Entre os adultos, o gosto pelo futebol de salão era tanto que sua prática passou a ser um problema disciplinar na maioria das ACMs da América do Sul, a ponto de, na Conferência dos Diretores de Educação Física das ACMs sul-americanas, ser recomendado que a modalidade fosse limitada às crianças. A ACM de São Paulo foi a única que continuou com o seu programa para adultos e, sem dúvida, deveu-se à ela a divulgação desse esporte, especialmente entre os adultos, conforme palavras encontradas nas primeiras regras divulgadas em abril de 1950 pelo Departamento de Educação Física da entidade.

Na década de 1950 foram dados os primeiros passos para a institucionalização do esporte, com a criação da primeira federação. Em 1954, foi fundada a Federação Carioca de Futebol de Salão, tendo como presidente Ammy de Moraes, e, posteriormente, surgiram as federações de Minas Gerais, São Paulo, Paraná e Rio Grande do Sul.

Em março de 1958, a Confederação Brasileira de Esportes (CBD) oficializou a prática do futebol de salão no país, fundando o Conselho Técnico de Futebol de Salão, tendo as federações estaduais como filiadas.

A partir da década de 1980, começaram os primeiros campeonatos pan-americanos e mundiais, tendo o Brasil como vencedor.

A Federação Internacional de Futebol (FIFA) criou seu primeiro mundial em 1989, ano em que a entidade resolveu assumir unilateralmente o corpo diretivo do futebol de salão, que vinha sendo organizando pela Federação Internacional de Futebol de Salão (FIFUSA) desde a década de 1970. O Mundial da FIFA foi sediado nos Países Baixos, onde a modalidade gozava de bastante popularidade. O Brasil conquistou os três primeiros Mundiais organizados pela FIFA, em 1989 (Países Baixos/Holanda), 1992 (Hong Kong) e 1996 (Espanha) – contra Holanda, Estados Unidos e Espanha, respectivamente.

A Espanha venceria os dois seguintes – 2000 (Guatemala) e 2004 (Taipé Chinesa), derrotando a seleção brasileira e depois seleção italiana – em 2004, ano em que pela primeira vez o Brasil não disputaria uma final. A equipe brasileira voltaria a vencer o torneio em 2008 (Brasil), contra a Espanha, em uma final decidida pela primeira vez nos pênaltis. Em 2012 (Tailândia), o Brasil conquistaria seu quinto título mundial válido pela FIFA, vencendo novamente a seleção espanhola. Este campeonato provou que outros países também estão organizados, estruturados e, principalmente, evoluídos na parte técnica e tática, contando, ainda, com a excelente condição física e psicológica que já possuíam em anos anteriores. O próximo mundial está previsto para 2016, na Colômbia

No atual cenário, observa-se que o futsal tem sofrido inúmeras alterações na sua forma de jogo, impostas pelas modificações das regras, pela evolução da preparação física (melhora da capacidade de marcação das equipes e maior movimentação dos jogadores) e pela profissionalização dos atletas e de toda a comissão técnica. Em função disso, os profissionais do futsal, principalmente os formadores, devem buscar a atualização e a troca de conhecimentos e experiências, a fim de realizarem o seu trabalho dentro de uma metodologia coerente com as necessidades e os interesses do jovem praticante.

A TÉCNICA

A técnica individual do futsal

Define-se técnica como todo gesto ou movimento realizado pelo atleta que lhe permita dar continuidade e desenvolvimento ao jogo. É descrita também como uma série infindável de movimentos realizados durante uma partida, tendo como base os fundamentos do esporte. No futsal, as técnicas individuais empregadas durante a prática são adaptadas às condições e às situações do jogo e ao tipo somático do jogador, utilizando a forma mais funcional e econômica para alcançar seu objetivo. O padrão técnico de cada indivíduo é fundamentalmente influenciado pelos componentes de equilíbrio, ritmo, coordenação geral e coordenação espaço-temporal, enfim, por suas vivências e experiências motoras como um todo.

Na prática do futsal, é utilizada, como linguagem didática, a divisão das técnicas individuais em: elementos das técnicas individuais dos jogadores de linha e técnicas individuais do goleiro. Porém, sabe-se que, com a alteração das regras, o goleiro também tem participado do trabalho técnico, juntamente com os demais atletas que atuam na linha.

Técnicas individuais dos jogadores de linha

As técnicas individuais dos jogadores de linha são divididas em condução, passe, chute, domínio/recepção, drible e finta, marcação e cabeceio.

Condução de bola

É a ação de andar ou correr, com a bola próxima ao pé, por todos os espaços possíveis de jogo, protegendo-a quando acossado pelo adversário. A condução é um dos fundamentos que propicia, durante o aprendizado, um maior tempo de contato com a bola, facilita o seu controle e auxilia muito na realização de um drible. Alguns aspectos são importantes para uma boa condução, entre eles destaca-se a cabeça elevada, possibilitando a visão do jogo; a proximidade da bola junto ao corpo; a coordenação do movimento, principalmente em velocidade; a proteção da bola; o equilíbrio do corpo; a noção de espaço de quadra e a atenção às condições de passar, chutar em gol ou até mesmo de manter-se com a bola.

Aluno se deslocando para realizar um chute de bola parada.

Condução retilínea sobre as linhas da quadra.

A condução é classificada em relação à trajetória e em relação à execução.

- Em relação à trajetória, classifica-se em retilínea e sinuosa.
- Em relação à execução, classifica-se em face interna, face externa e solado.

Condução sinuosa – atividade de condução por entre os colegas.

Passe de bola

Passe é o ato de entregar a bola diretamente ao companheiro ou lançá-la em um espaço vazio da quadra. O passe possibilita o jogo em conjunto e a progressão das jogadas. A execução da técnica do passe facilitará também o aprendizado do chute, pois ambos partem de um gesto motor muito semelhante, porém, com objetivos diferentes. No futsal atual, talvez o passe seja um dos fundamentos mais importantes, pois as movimentações dos atletas são intensas e, de certa forma, imprescindíveis para o desenvolvimento da mecânica de jogo.

Menina e meninos juntos na troca de passes em trio.

Para que o passe seja bem executado, deve-se observar alguns aspectos, tais como a cabeça erguida, os braços ligeiramente afastados, o equilíbrio para a execução do movimento, o pé de apoio próximo da bola (facilitando o equilíbrio para a ação do pé de toque), a precisão no toque, a intenção e objetivo ao tocá-la, e, ainda, a força adequada para que ela percorra a distância estabelecida.

Classificação dos passes:

- Em relação à distância:
    - curtos – até 4 metros;
    - médios – de 4 a 10 metros;
    - longos – acima de 10 metros.

- Em relação à trajetória:
    - rasteiro;
    - meia-altura;
    - parabólico;
    - alto.
- Em relação à execução:
    - face interna;

    - face externa;

- anterior (bico); 
- ântero-superior (gancho-cobertura); 
- solado;

- dorso (peito do pé).

- Em relação ao espaço de jogo:
    - lateral;
    - diagonal;
    - paralelo.
- Passes de habilidade:
    - com a coxa;
    - com o peito;
    - com a cabeça;
    - com o ombro;
    - com o calcanhar ou solado para trás;
    - parabólico ou cavado.

Domínio e recepção de bola

Domínio é a ação de receber a bola e deixá-la sob controle. Quando se intercepta a trajetória de uma bola passada ou arremessada, estamos receptando-a. Para que um passe consiga atingir seu objetivo, o atleta que quer recebê-la deve estar bem colocado para facilitar a sua chegada e também deve possuir uma boa técnica para sua recepção. Na verdade, uma boa recepção agiliza o jogo e dá condições imediatas de conduzir, passar, driblar ou finalizar ao gol.

Aluno realizando o domínio com a cabeça, observando o posicionamento dos braços e a inclinação do corpo para trás.

Aluno dominando a bola com a região anterior da coxa.

A execução de embaixadas visa proporcionar o aperfeiçoamento do domínio e do controle de bola.

Nessa atividade, o aluno realiza um domínio de bola com o solado do pé.

Aluno demonstrando domínio ao conduzir a bola.

Aluno fazendo malabarismo com a bola.

Classificação da recepção:

- Em relação à trajetória percorrida pela bola:
    - rasteira;
    - meia-altura;
    - parabólica;
    - alta.

- Quanto à execução:
    - nas recepções rasteiras – face interna, face externa e solado;
    - nas recepções à meia-altura – face interna e externa dos pés e coxas e anterior da coxa;
    - nas recepções parabólicas – cabeça, peito, coxa, dorso dos pés e solado;
    - nas recepções altas – cabeça e peito.

Chute ao gol

Chute é a impulsão dada à bola com um dos pés, tendo como objetivo a meta adversária. Para alguns estudiosos, o chute também pode ser defensivo, quando o objetivo é impedir as ações de ataque (chutão para longe da zona de perigo).

No chute se estabelece uma relação de forças (pé e bola). Contudo, estudos apontam que o fator determinante para a velocidade do chute é a velocidade imprimida pela perna do pé de toque ao bater na bola.

Para que o chute seja correto, é importante salientar alguns fatores:

- posição do pé que não chuta (base);
- posição do pé que chuta (bico ou peito do pé);
- posição do joelho da perna que chuta (fletido para impulsão da perna);
- posição do corpo e da cabeça no momento do chute (equilíbrio).

Destacam-se algumas fases para o chute:

- na corrida para a bola, o corpo deve estar ligeiramente inclinado para a frente;
- o pé deve ser levantado para trás e para cima, flexionando-se a perna;
- o pé que chuta deve estar contraído, porém, a perna deve estar solta;
- o movimento de trazer o pé para bater na bola deve ser explosivo;
- após o impacto na bola, o pé deve continuar sua ação para a frente e para cima, completando, assim, um meio-círculo.

Classificação do chute:

- Em relação à trajetória:
  - rasteiro;
  - meia-altura;
  - parabólico (cavado por cobertura);
  - alto.

- Em relação aos tipos e execução correspondente:
  - simples – anterior (bico), dorso do pé (peito do pé) e interna;
  - bate-pronto – dorso do pé, parte externa e interna e anterior;
  - voleio – dorso do pé, parte interna (chapa);
  - cobertura – ântero-superior do pé.

Drible e finta

O drible é uma ação individual com a bola que consiste em uma combinação de recursos, como: equilíbrio, velocidade de arranque, agilidade, descontração muscular, ritmo, muita malícia e sentido de improvisação. O drible nada mais é que ultrapassar o adversário com a posse de bola. Alguns estudiosos ainda colocam que, para que isso aconteça, o atleta deve ter completo domínio de bola (perto dos pés), agilidade nos movimentos (cintura), habilidade e criatividade para sair pelo lado mais fraco do marcador.

Na atividade da foto a seguir, em que os alunos estão na formação em coluna, terão de realizar os dribles por entre os cones, estimulando o uso de ambas as pernas (bilateralidade). No início, os cones podem ficar mais distantes um do outro para facilitar a execução.

Classificação dos dribles:

- Quanto ao objetivo:
    - ofensivo – tem como objetivo a meta adversária;
    - defensivo – tem como objetivo manter a posse de bola em condições de segurança.

Menino do ensino fundamental realizando o drible por entre os cones. Os cones estão separados por uma distância maior, para facilitar o drible.

- Quanto ao tipo:
    - dribles simples;
    - dribles complexos;
    - dribles clássicos.
- Quanto à execução:
    - Dribles simples
        - puxadinhas e saídas laterais;

- com o solado dos pés;
- com a parte interna dos pés;
- com a parte externa dos pés.
- Dribles complexos
    - geralmente os que são associados a uma finta com o corpo.
- Dribles clássicos
    - dorso (peito) do pé – no caso de chapéu;
    - elástico, meia-lua, bola por entre as pernas do adversário.

Ao driblar, é preciso considerar o tempo de reação para a aplicação do drible, a coordenação e o equilíbrio, o domínio sobre as diferentes técnicas individuais, a visão e a noção espacial e a velocidade de execução.

Já a finta é o movimento executado sem bola. Pode-se fintar com os pés, com as pernas, com o tronco, com os braços, e até mesmo com os olhos; basta realizar um movimento qualquer e se deslocar no sentido inverso. Deve-se salientar, ainda, que a finta com o corpo pode ser utilizada para possibilitar o recebimento de um passe, para auxiliar posteriormente um drible ou até mesmo para a marcação, quando ameaçamos com o corpo a nossa aproximação para interceptação da bola.

A finta pode ser classificada quanto ao objetivo:

- **Ofensiva** – quando se tem o objetivo de desmarcar-se do adversário para que seja possível receber a bola do companheiro de equipe.
- **Defensiva** – quando se ameaça encurtar o marcador, dificultando a linha de passe, ou até mesmo quando nos aproximamos do oponente que está atacando, insinuando que vamos abordá-lo para retirar a bola de seu controle.

Ao fintar, deve-se considerar a sincronização de movimentos, a noção ampla de espaço, a visão de jogo e o tempo de bola.

Marcação

Apesar de muitos autores não citarem a marcação como um fundamento individual, e sim coletivo, acreditamos que, como os demais elementos da técnica individual, deva ser estimulada e também treinada. A marcação é a ação de impedir que o adversário receba a bola, ou que progrida com ela pela quadra de jogo. No futsal competitivo, traduz-se no principal elemento de defesa, tendo em vista as constantes movimentações.

A marcação pode ser dividida em dois estágios:

- Aproximação: o jogador procura aproximar-se de seu oponente, buscando o equilíbrio adequado para exercer a ação de abordagem. É importante, nesse momento, observar o pé dominante do adversário e oferecer sempre a lateral da quadra para a sua progressão.
- Abordagem: quando o jogador está com um bom equilíbrio e aborda o oponente buscando obter a posse da bola ou o seu desequilíbrio na ação do passe. Na ação de marcar individualmente, é importante que não se marque a bola após a ação de passe do oponente, e sim no seu deslocamento.

Outros itens importantes de marcação:

- Antecipação: é a ação exercida para chegarmos na bola antes do adversário.
- Cobertura: a cobertura poderá ser exercida tanto em uma jogada ofensiva, quando um companheiro de equipe realizar uma jogada de drible individual, quanto em uma ação estritamente defensiva, a fim de auxiliar o colega de equipe durante a tentativa de drible do jogador adversário, formando uma segunda linha de marcação.

Um aluno com a bola e o colega se aproximando para a marcação.

O marcador consegue roubar a bola do atacante.

Cabeceio de bola

Cabeceio é o ato de golpear a bola com a cabeça. Com a nova alteração das regras, esse fundamento tornou-se ainda mais utilizado, principalmente nas situações de desafogo da defesa ao lançar a bola ao ataque, quando há interceptação da equipe adversária, e no lançamento do goleiro, com as mãos, para o outro lado da quadra, buscando um companheiro de equipe.

Menina cabeceando uma bola de vôlei.

Alunos cabeceando balões – método facilitador para aprendizagem.

Classificação do cabeceio:

- Quanto ao objetivo:
    - Ofensivo e defensivo.
- Quanto à execução:
    - Frontal e lateral.

Técnicas individuais do goleiro

O goleiro é o guardião, é o único jogador que tem a vantagem de usar as mãos e os pés, tendo, por isso, superioridade sobre os demais. Há quem afirme que o futsal atual, com as novas regras, tem facilitado a vida dos atacantes e dificultado as defesas do goleiro. Contudo, hoje, ele tem as mesmas chances que os demais jogadores, podendo sair da área de meta e também resolver um jogo. Existe, em muitas equipes, o goleiro-artilheiro, que, além de salvar sua equipe com excelentes defesas, ainda vai ao ataque para marcar gols. Atualmente, é provável que, na formação de base, apareçam muitos garotos buscando a posição de goleiro. Antigamente, só ia para o gol o menino que tinha dificuldade de jogar com os pés ou o "gordinho". No subitem tática, em que abordamos as posições dos jogadores, são enfatizados com maior profundidade alguns aspectos importantes para o goleiro. Vejamos alguns fundamentos básicos para o desenvolvimento da técnica dos goleiros.

Pegada ou empunhadura

Pegada ou empunhadura é o posicionamento básico das mãos que possibilita exercer as ações de defesa da bola quando chutada, passada ou arremessada nos diferentes planos. É o princípio básico de um goleiro, o qual é efetuado com o uso das mãos, procurando manter os braços unidos, exceto em caso de lances muito rápidos e chutes muito potentes que impossibilitem a pegada da bola. Os braços ficam soltos e as mãos firmes, a fim de que a bola não ultrapasse essa resistência.

No entanto, em qualquer circunstância, após a pegada, o goleiro deve proteger a bola usando uma parte do corpo como obstáculo seguinte, pois, caso haja a passagem inicial, encontrará outra barreira. Para facilitar a colocação do corpo como segundo obstáculo, recomenda-se que o goleiro jamais fique imóvel no gol. Pelo contrário, deve realizar constante movimentação, principalmente das pernas e dos braços.

Defesas baixas e defesas altas

Defesa baixa

Defesa baixa com queda

Defesa alta

As defesas baixas são todas aquelas exercidas abaixo da linha da cintura, fazendo parte as caídas laterais, encaixadas de bola e os recursos utilizando os pés. Já as defesas altas são todas as defesas feitas com as mãos ou com o peito acima da linha da cintura.

Espalmar

Espalmar ou espalmada é o toque na bola com a palma da mão, fazendo ela se desviar de sua trajetória, em uma tentativa de defesa, no caso de chutes muito fortes e posições que impeçam a realização da pegada com muita firmeza. A mão deve estar estendida para realizar o toque, que é feito entre a palma da mão e a primeira articulação dos dedos, tendo o cuidado de não deixar que a bola, ao ser espalmada, rebata para a frente.

Lançamento

O lançamento é o passe do goleiro para os companheiros de equipe, podendo ser realizado com as mãos ou com os pés. Esse passe também é um elemento básico na construção de jogadas e, portanto, deve ser seguro, preciso, rápido, oportuno e inteligente, de modo a assegurar ao máximo a posse da bola para a sua equipe.

Com as mãos, o goleiro pode efetuar dois tipos de lançamento: por baixo e por cima. Um, de maior potência, no qual o goleiro procura jogar a bola para um atacante no setor ofensivo da quadra. O outro, de menor potência, é usado para distâncias curtas. São inúmeras as possibilidades de execução com os pés, dependendo da distância do companheiro e do objetivo proposto. Como exemplo, podemos citar o lançamento com um bate-pronto, um voleio ou com um passe rasteiro. Como goleiro terá somente quatro segundos para realizá-lo, deverá fazê-lo com muita rapidez e eficácia. Um bom lançamento do goleiro pode propiciar uma situação de contra-ataque que resultará numa perigosa situação de gol.

Fechar o ângulo

O goleiro deve movimentar-se procurando sempre ocupar a bissetriz do ângulo formado pela bola e pelos postes da meta, tanto no plano horizontal quanto no plano vertical. Fechar o ângulo é simplesmente fazer o gol parecer menor para o atacante, isto é, tentar fechar ao máximo as áreas abertas do gol. Avançar à frente do gol facilita ao goleiro efetuar a pegada no caso de chutes fortes, porém não o ajuda no caso de o atacante tentar encobri-lo.

Saída fechando o ângulo de um chute frontal...

... e para um chute vindo da lateral da quadra.

Saída de gol

Define-se a saída de gol como as intervenções do goleiro fora da sua área de meta, com o objetivo de impedir as finalizações ou ações de ataque. São ações em que utiliza qualquer parte de seu corpo para tentar interceptar a bola ou o seu oponente, ou quando pretende participar na construção das jogadas ofensivas da sua equipe. Hoje, com a possibilidade de atuar fora da área de meta, o goleiro tem avançado muito à frente, para fazer coberturas, antecipações ou, até mesmo, com o intuito de atacar.

Desenvolver os fundamentos dos jogadores de linha

O goleiro, tendo a chance de jogar com os pés, como os demais jogadores, deverá desenvolver e aprimorar muito a sua coordenação de membros inferiores. É indicado, inclusive, que trabalhe em conjunto com os demais atletas de linha e que realize um treinamento técnico-tático de situações em que será necessária a sua participação. O passe, o chute, o drible curto e a proteção de bola acontecem com frequência durante o jogo.

Na sequência das fotos, várias possibilidades de alongamento com a utilização da bola.

As fotos a seguir apresentam alguns exercícios abdominais com a utilização da bola.

A TÁTICA

Antes de abordar a tática do futsal, é importante esclarecer que, apesar de reconhecermos que o jogador de futsal deve ter características universais (saber atuar em qualquer setor da quadra, desempenhar todas as funções, entre outras), é de extrema validade que apresentemos as posições básicas com seu local inicial de atuação e suas funções no jogo.

PLANTEL – POSIÇÕES NO FUTSAL

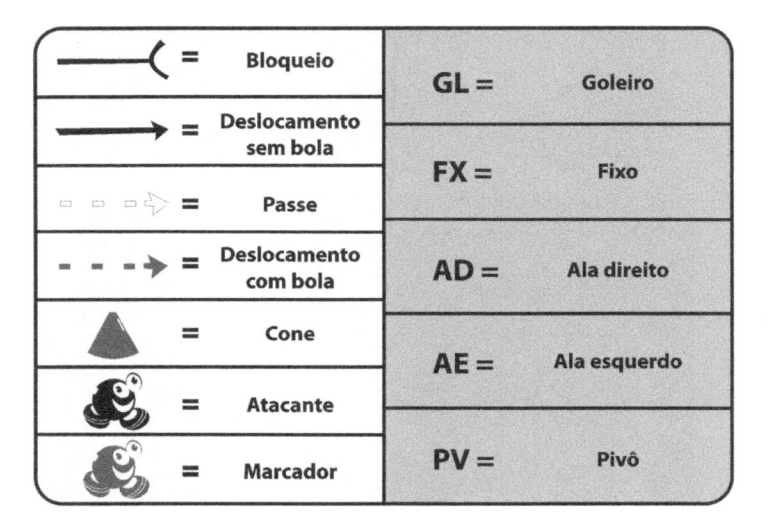

Símbolo	Significado	Sigla	Posição
──(	Bloqueio	GL =	Goleiro
──→	Deslocamento sem bola	FX =	Fixo
▫ ▫ ▫⇨	Passe		
- - -▶	Deslocamento com bola	AD =	Ala direito
▲	Cone	AE =	Ala esquerdo
🐝	Atacante		
🐝	Marcador	PV =	Pivô

Exemplo das posições no sistema 3:1

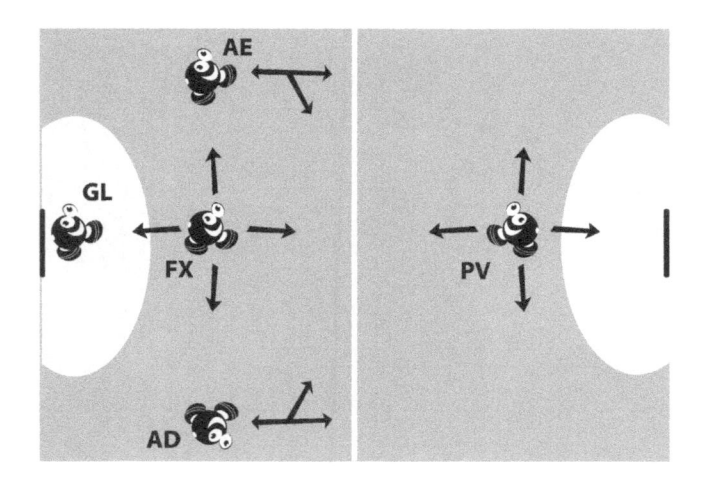

Goleiro

É, talvez, o jogador mais importante da equipe. Todo grande time deve começar com um bom goleiro. Ele é o responsável por defender e impedir que a bola ultrapasse a linha de gol. Pode usar qualquer parte do corpo em sua área de meta e, fora desta, tem a possibilidade de assumir as funções de um jogador de linha. As últimas regras lhe dão a possibilidade de lançar a bola com as mãos diretamente para o outro lado da quadra. Assim, observa-se que o goleiro de futsal deverá possuir as mesmas qualidades técnicas dos demais jogadores de linha. Sua ação fora da área de meta será imprescindível para o sucesso de sua equipe.

Último homem/fixo/beque

Sua função é principalmente defensiva, porém, deve saber o momento exato de participar de algumas manobras ofensivas, agindo como organizador, abrindo espaços para os companheiros e chegando como homem-surpresa para o arremate a gol. Esse jogador deverá, ainda, orientar os colegas durante a marcação e ter um bom senso de cobertura. Tem como espaço inicial de jogo o centro de sua meia-quadra.

Lateral/ala direito e esquerdo

São os responsáveis pela construção das jogadas e têm a tarefa de marcar e atacar. Atuam, na maioria das vezes, pelas laterais, com infiltrações para o centro da quadra.

Homem de frente/pivô

É responsável pela distribuição das jogadas e, quando acionado, exerce as ações de finalização e de abrir espaços na área adversária para a penetração de seus companheiros. Sua característica fundamental é saber jogar de costas para o gol. Sua área de atuação ocorre na quadra adversária.

Eis alguns conselhos, citados por Vieira (1987), que devem ser seguidos na organização de um bom plantel para sua equipe:

- Jogadores juvenis – o atleta que é promovido da equipe juvenil para a equipe adulta normalmente cai de rendimento. De certa forma, é natural: o ambiente é diferente, os colegas são mais velhos, o estilo da direção técnica é outro, etc. No entanto, se ele demonstrou qualidades que o fizeram ser convocado para o plantel adulto, é impor-

tante que o treinador tenha paciência para esperar sua adaptação, o que, às vezes, demora até um ano.
- Jogadores vencedores e jogadores perdedores – existem jogadores vibrantes que não se intimidam ante qualquer adversário e produzem tudo o que sabem, independentemente da equipe que estão enfrentando. No entanto, existem aqueles mais fracos, que se acovardam nas partidas mais importantes e, na maioria das vezes, são os responsáveis por derrotas, devido à sua falta de brio. Prestigiem os primeiros e desvencilhem-se dos outros.
- Uniformidade no estilo de jogo – o rendimento coletivo de uma equipe é o resultado do estilo de jogo de seus integrantes. Se você tem jogadores velozes, não é aconselhável juntá-los a jogadores lentos; embora aqueles sejam os chamados "craques" em termos de conjunto, o resultado será negativo. Muitas vezes, equipes sem nenhuma estrela produzem muito mais coletivamente do que aquelas recheadas de renomados jogadores com características diferentes. Tenha cuidado ao convidar alguém para integrar sua equipe, principalmente se não possuir o estilo ideal que você está adotando.

ATAQUE

O ataque evolui enormemente e ultrapassa a defesa na possibilidade de trabalho e de aplicação. Atacar é inato a todos, porém, alguns jogadores o fazem com mais facilidade do que outros. Atacar, no futsal atual, parece uma tarefa mais fácil que antigamente devido às mudanças nas regras, as quais fizeram com que a violência e as faltas no jogo fossem diminuídas. Entretanto, o treinamento no futsal evoluiu muito. Os treinadores são mais estudiosos e a condição física dos atletas fez os espaços da quadra diminuírem, tornando a marcação e a recuperação mais eficazes. Na nova *tática do futsal*, pouco se utiliza a linguagem do sistema e da tática de jogo junto aos atletas. Atualmente, os treinadores buscam desenvolver em suas equipes uma mecânica de jogo (padrão de movimentação) que possibilite uma série de alternativas para ludibriar o sistema defensivo da equipe adversária. Na maioria das vezes, são necessários alguns meses de treinamento para que a equipe consiga executar essa mecânica com naturalidade.

Contudo, a fim de que se possa aplicar essa nova concepção de jogo no futsal, é necessário, em especial para os futuros técnicos, o aprendizado básico sobre o que era utilizado anteriormente, e que serviu de base para a nova concepção de jogo. Cabe salientar que os movimentos e os fundamentos táticos de ataque que serão aplicados devem ser adaptados às características dos jogadores.

A seguir, de uma forma didático-pedagógica, expomos alguns pontos e temas importantes sobre a tática do jogo.

Sistema – é a maneira de distribuir os jogadores na quadra, ou, simplesmente, o posicionamento dos jogadores.[1]

Tática – são as movimentações dos jogadores dentro de um determinado sistema.

TIPOS DE SISTEMA DE ATAQUE

Sistema 2:2

É o pioneiro entre os sistemas de jogo, cujo início ocorreu por volta de 1950, consistindo em dois jogadores na armação na quadra de defesa e dois na quadra de ataque. É um sistema ainda muito empregado durante a partida. Algumas equipes utilizam-no em final de jogo, quando se encontram com um resultado favorável. É aplicado quando o adversário faz marcação pressão e as trocas de passes ficam dificultadas, sendo a ação do goleiro a opção mais indicada. Favorece as equipes que possuem um goleiro lançador e um pivô que saiba dominar com facilidade, mesmo estando de costas para o gol (escora). Esse sistema tem sido utilizado também quando a equipe adversária está com um jogador a menos (expulsão temporária). Entre todos os sistemas, é um dos mais fáceis de ser aplicado na escola por ter um equilíbrio ofensivo e defensivo, não necessitando muitos deslocamentos combinados para que a bola consiga sair da defesa para a zona de ataque.

Posicionamento "básico"

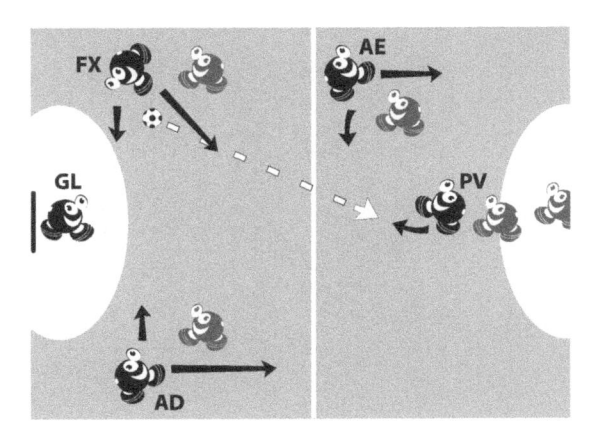

---

[1] Embora em todas as representações gráficas dos sistemas o ala direito esteja situado no lado direito da quadra e o ala esquerdo esteja no lado esquerdo, é importante ressaltar que, no decorrer do jogo, os mesmos tendem a realizar as jogadas quando estão com os pés invertidos – o ala direito no lado esquerdo e o ala esquerdo no lado direito. Como os jogadores devem ter características universais, eles poderão estar em qualquer local da quadra para a realização de suas ações táticas.

Posicionamento em "retângulo" (caixote)

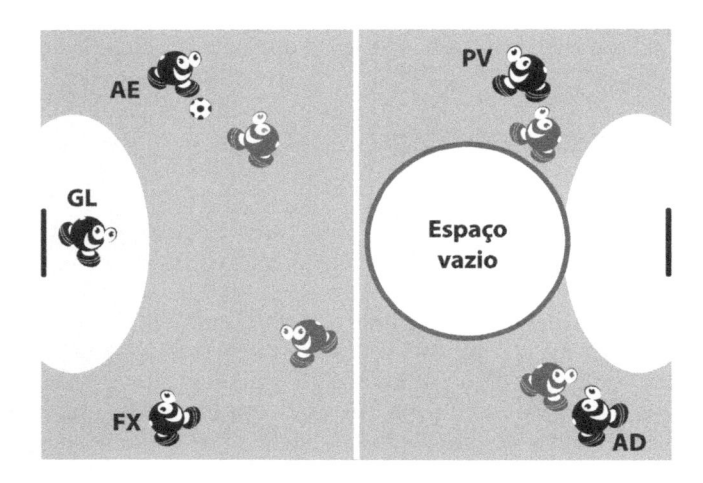

Posicionamento em "Y"

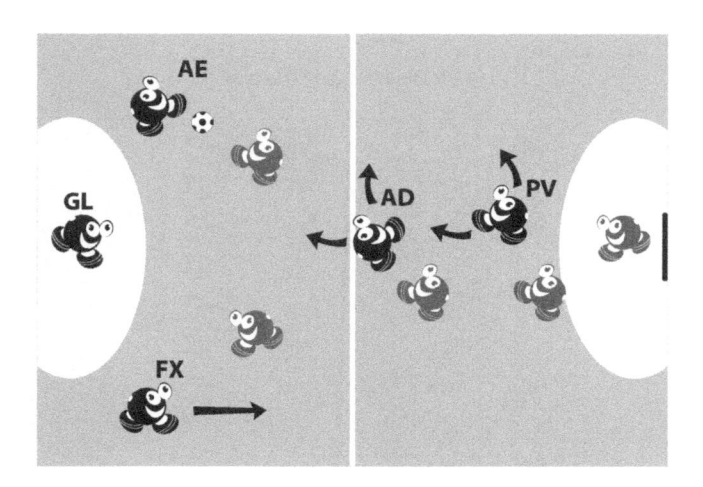

O futsal e a escola **73**

Posicionamento em "L"

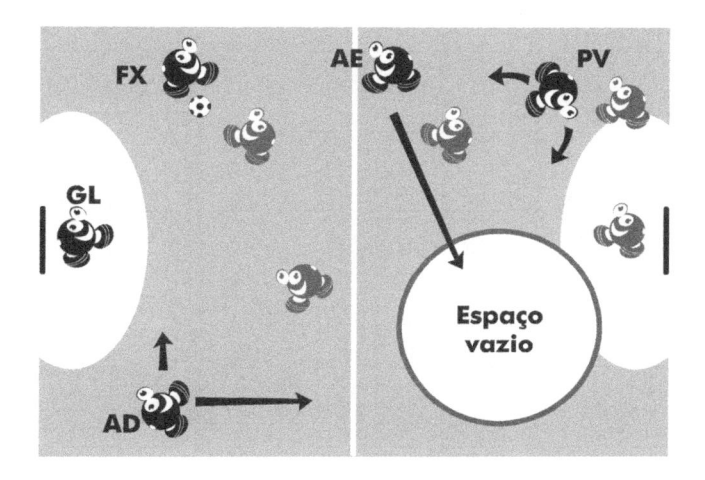

Sistema 2:2 atacando contra uma defesa com desvantagem numérica durante a expulsão temporária

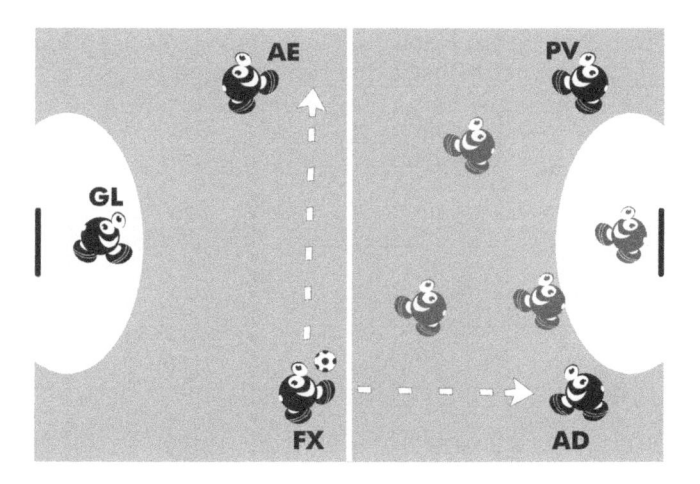

Sistema 2:2 ao atacar e defender

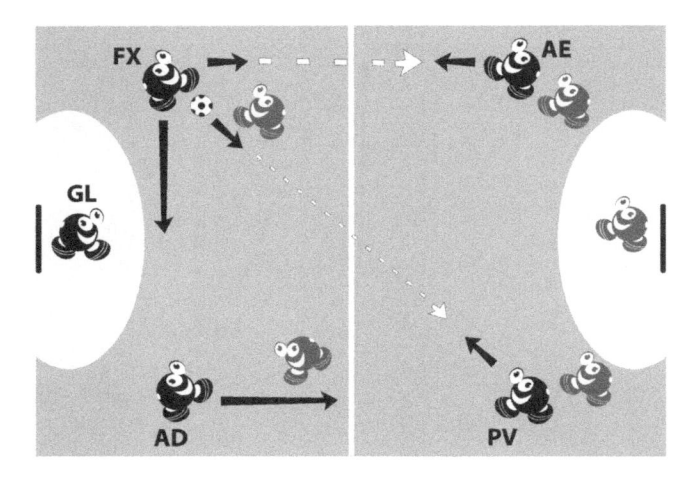

Sistema 1:2:1

Esse sistema, de pouca movimentação ofensiva e com disposição parecida com a do sistema 3:1, consiste em ter um fixo e o pivô parados e dois alas, que têm a função de defesa e ataque. É muito difícil de ser aplicado no futsal moderno, pois há necessidade de movimentação constante dos jogadores em quadra. De qualquer forma, pode ser utilizado em quadras pequenas, onde se faz necessário um pivô de referência e um fixo que guarde posição mais à frente da área, com cuidados estritamente defensivos.

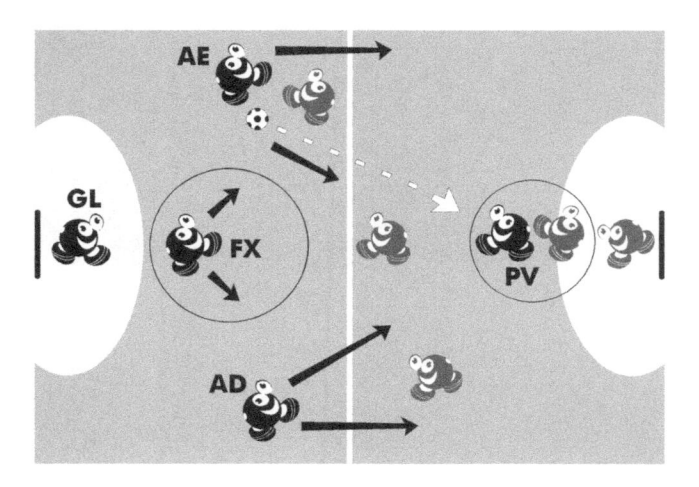

Sistema 2:1:1

Como a própria distribuição indica, dois jogadores são previamente definidos como armadores na quadra de defesa: um mais adiantado, no meio da quadra, com função de armação; e outro posicionado como atacante, movimentando-se na quadra adversária. A sintonia entre o jogador do meio e o atacante é importantíssima para um bom desenvolvimento do ataque.

Nesse sistema, quando o jogador do centro da quadra retorna para a armação da jogada, passa para o sistema 3:1, e, quando ele sobe para o ataque, o sistema passa para 2:2.

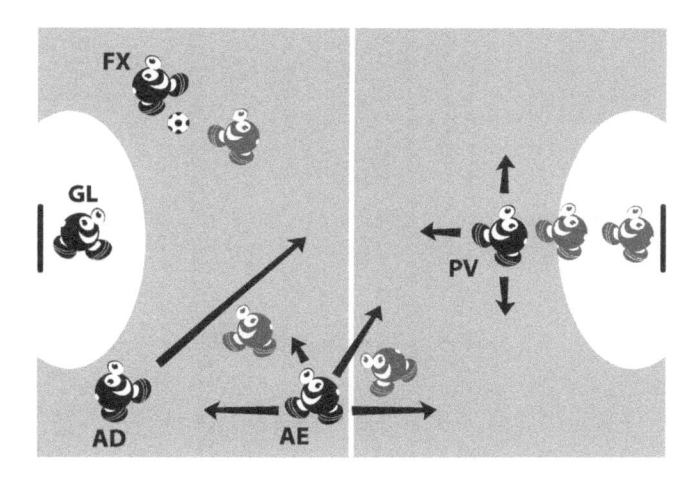

Sistema 3:1

Esse é um dos sistemas ofensivos mais utilizados no futsal. Em função de sua dinâmica de movimentação, possibilita inúmeras variações e muitas jogadas ensaiadas. Desse sistema surgiram as variações do rodízio de três e de quatro jogadores. Suas principais vantagens são favorecer as armações de jogadas e ter sempre cobertura e balanço defensivo. A grande movimentação exige um ótimo preparo físico e um bom nível técnico dos atletas. O posicionamento do pivô, que fica na quadra ofensiva, pode ser na frente da área do adversário (referência de passe) ou em uma das laterais da quadra. Isso objetiva atrair o fixo e facilita a infiltração de outros jogadores da sua equipe no espaço deixado na quadra ofensiva.

Como já foi comentado, os rodízios de três (troca de posições de três jogadores) e de quatro (troca de posições de quatros jogadores) poderão ocorrer com os atletas deslocando-se pelo meio ou pelas alas.

Sistema 3:1 com pivô de referência

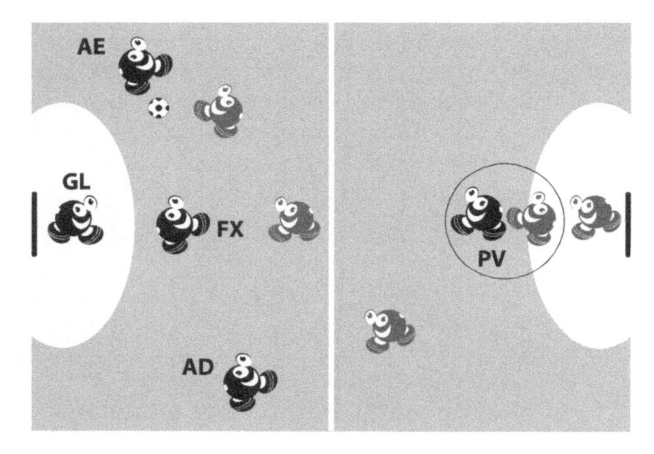

Objetivo: a bola deve chegar no pivô a fim de que ele faça a escora para os jogadores de trás chutarem ao gol.

Sistema 3:1 com o pivô na ala.

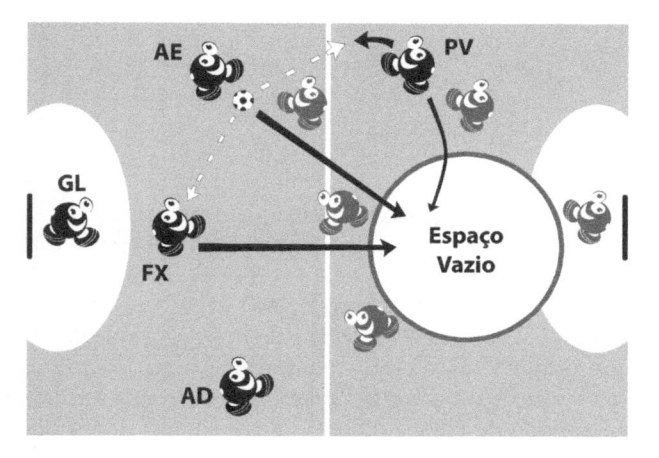

Objetivos: abrir espaço para infiltração de algum outro jogador; abrir espaço para ele mesmo, a fim de receber a bola; iniciar um rodízio; buscar uma tabela; permitir a entrada do pivô na sua quadra de defesa, para começar o posicionamento no sistema 4:0 (quatro em linha).

O futsal e a escola **77**

Tática de movimentação no sistema 3:1

Tática de rodízio de três pela frente (fazer o oito pela frente)

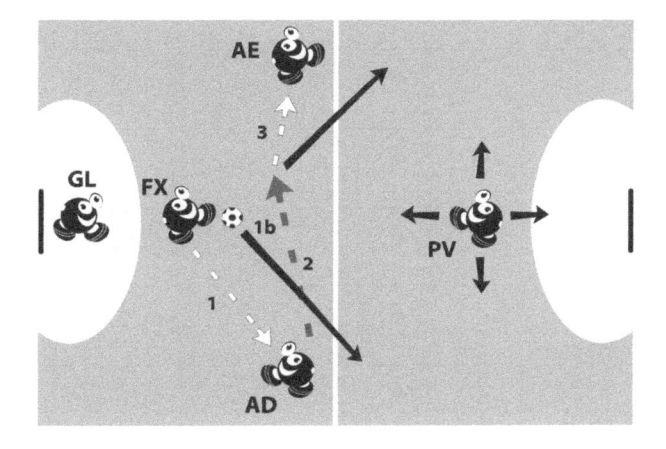

Tática de rodízio de três por trás (fazer o oito por trás)

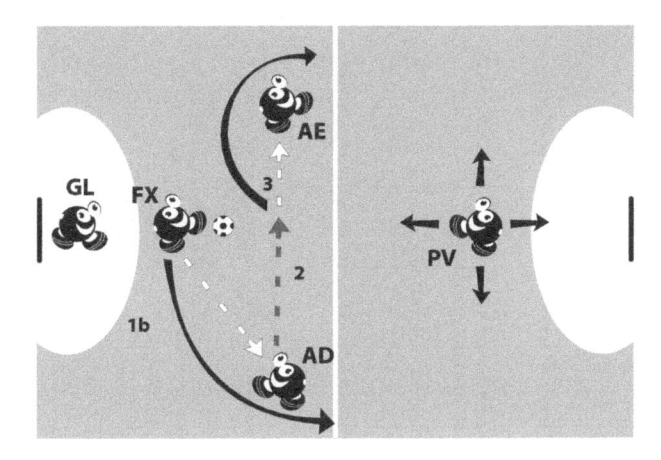

Tática de rodízio de quatro pelas alas (circular ou redondo)

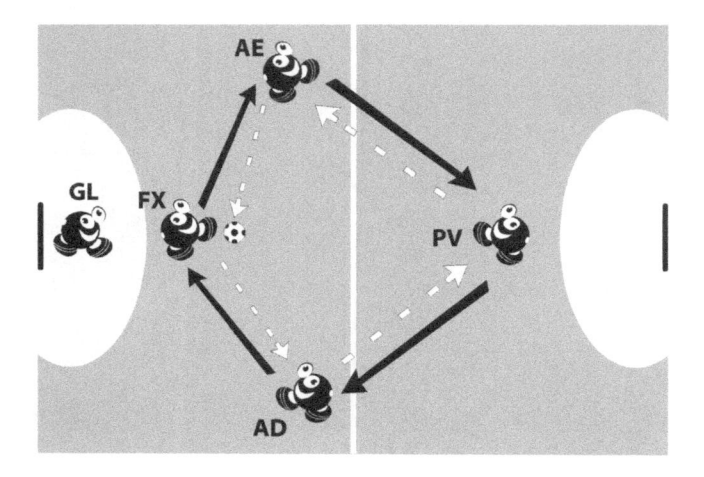

Tática de rodízio de quatro pelo meio

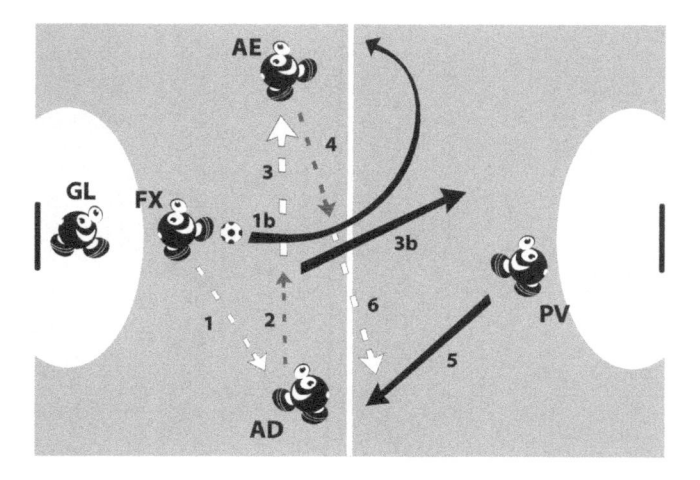

O futsal e a escola **79**

Tática de rodízio de quatro pelas alas em diagonal (troca ala-pivô)

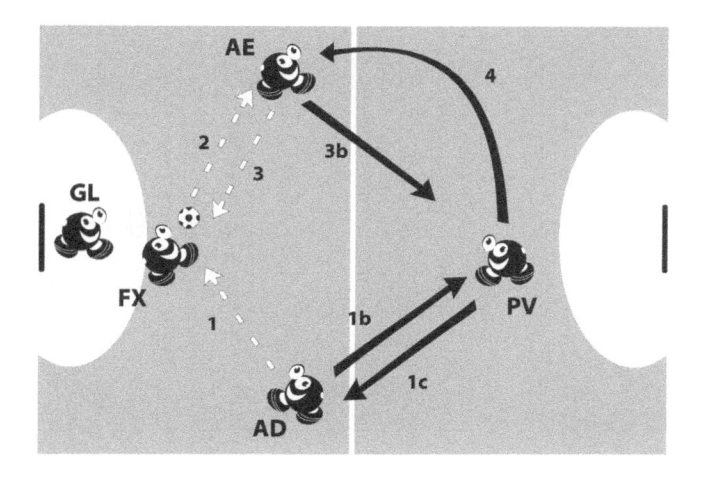

Marcação contra o sistema 3:1

1ª situação

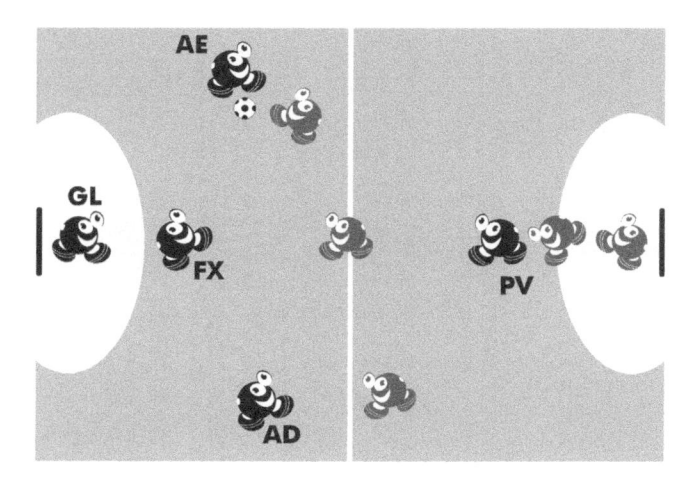

2ª situação

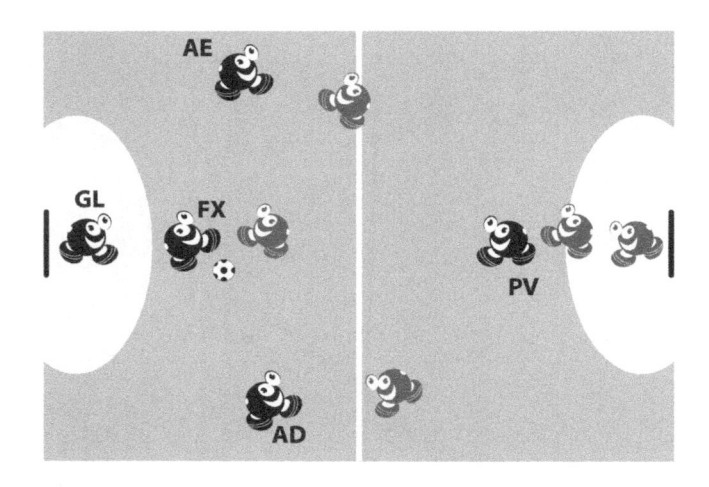

3ª situação

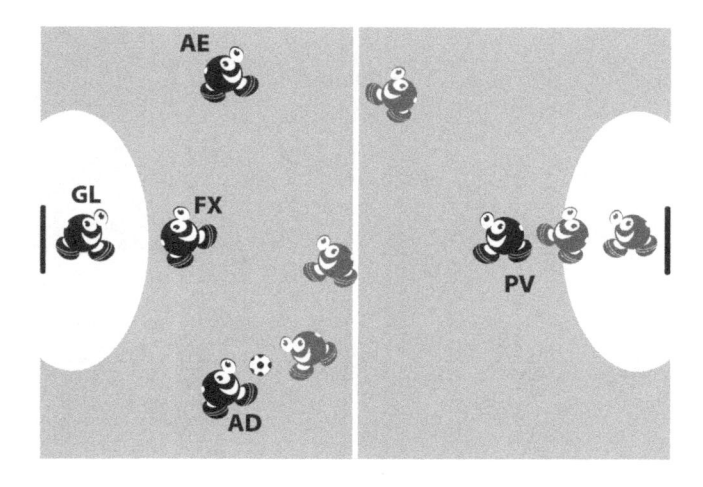

Sistema 1:3

É um sistema muito arriscado. Por isso, é utilizado nos momentos em que a equipe necessita de um bom resultado e já está no final do jogo. Também é aplicado quando a equipe adversária já tem as cinco faltas coletivas. Dessa forma, o ala que recebe a bola do goleiro tenta uma jogada individual sobre o seu marcador, e os demais jogadores se posicionam no fundo da quadra do adversário ou em uma das alas, com o intuito de abrir espaços. Atualmente, esse sistema tem sido pouco utilizado em função da possibilidade de o goleiro sair da área para auxiliar no ataque.

1:3 em linha no fundo da quadra

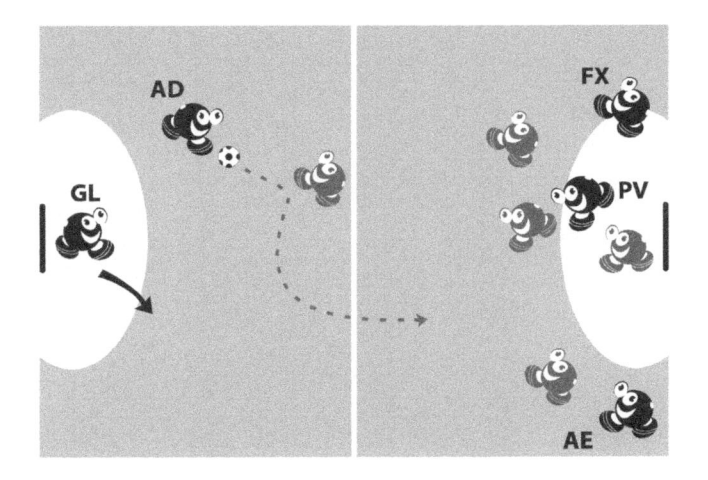

1:3 em coluna, liberando o centro e uma ala

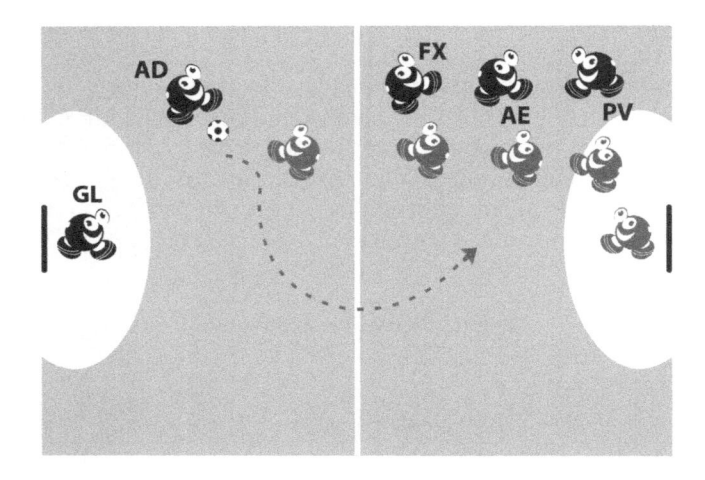

1:3 em coluna com bloqueio, liberando o centro e uma ala

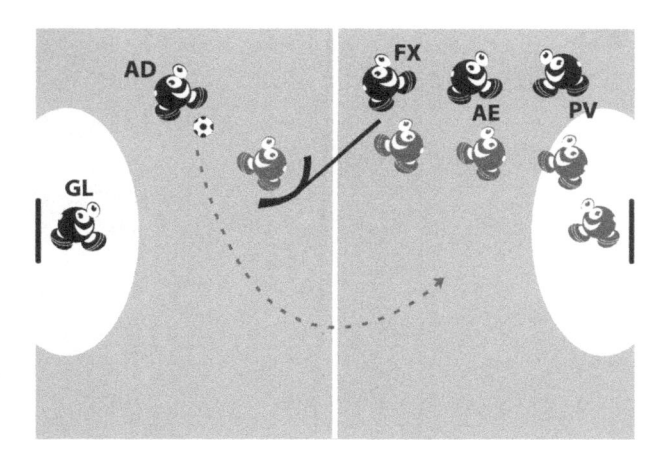

Sistema 4:0 (quatro em linha)

É uma das inovações do futsal moderno, sendo um dos sistemas mais utilizados na Espanha. A característica que mais se sobressai nesse sistema é que todos os jogadores devem assumir seus papéis em diferentes setores da quadra. Os atletas dispõem de todo o espaço de ataque livre para jogar e tomar vantagem em velocidade durante as investidas para os espaços vazios. É necessário que toda a equipe tenha excelente habilidade de bola, bom passe e, sobretudo, saiba jogar muito sem a bola. As opções que derivam desse sistema são múltiplas. É indicado para ser aplicado em quadras grandes.

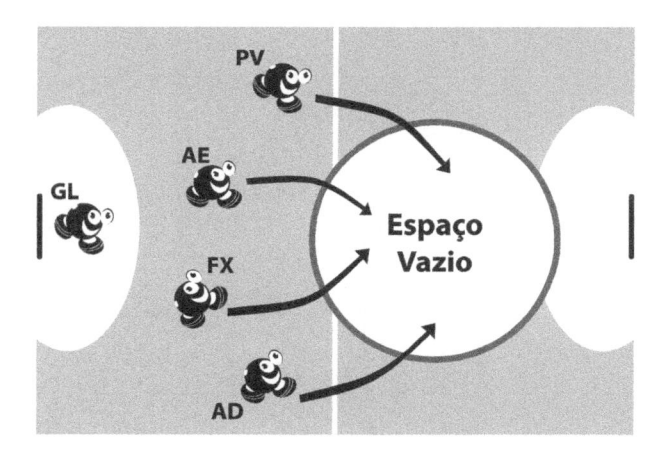

Sistema 3:2

É uma variação do sistema 2:2. Surgiu a partir das alterações na regra do goleiro, que permitiram que este pudesse jogar com os pés fora de sua área de meta. O goleiro ajuda na organização da jogada, principalmente quando o adversário está recuado na quadra de defesa. Nesse sistema, é necessário um goleiro que tenha facilidade de trocar passes e que tenha bom chute de média e longa distância; por isso, na maioria das vezes, tem-se colocado um goleiro-linha. Posiciona-se um jogador no centro da quadra, organizando as jogadas, e outros quatro atletas na meia-quadra de ataque, tentando finalizar ou abrir espaços. O goleiro pode ser utilizado tanto no centro como nas alas. Aquele que ocupa a posição central (geralmente o goleiro) deve ser um bom passador e finalizador para que o sistema tenha resultado. Suas principais vantagens são: ter cinco contra quatro no ataque, ter um bom tempo de posse de bola e exigir um grande desgaste do adversário para a marcação. Suas desvantagens são o desgaste do goleiro e a defesa desprotegida durante o ataque. Também é denominado sistema 5:0, por ter os cinco jogadores no ataque. É possível observar que algumas equipes, em determinados momentos, apresentam variações posicionando seus jogadores no 1:2:2 ou no 2:1:2.

3:2 com o goleiro no centro na armação x marcação com dois jogadores à frente

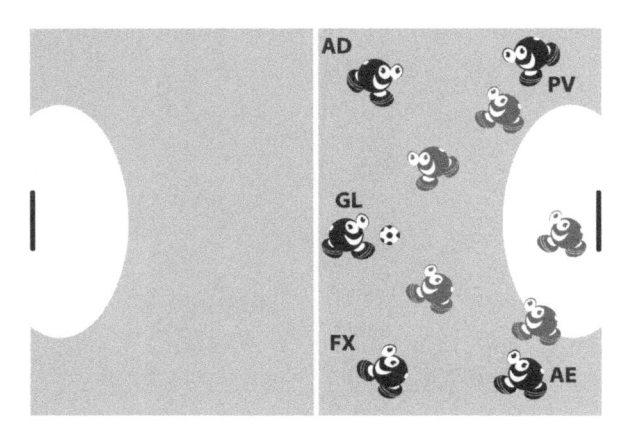

3:2 com o goleiro na ala x marcação com dois jogadores à frente

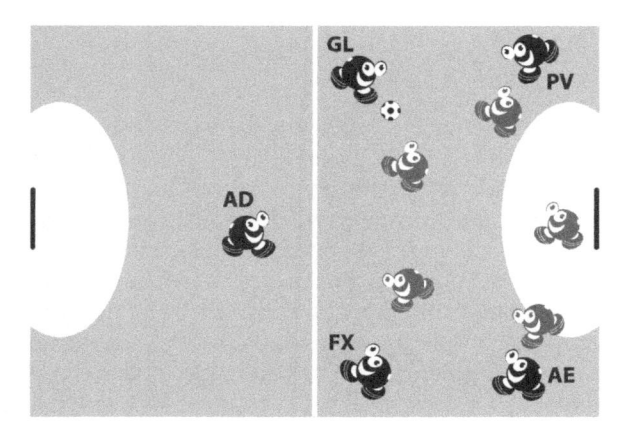

O futsal e a escola **85**

3:2 com o goleiro no centro x marcação com três jogadores à frente

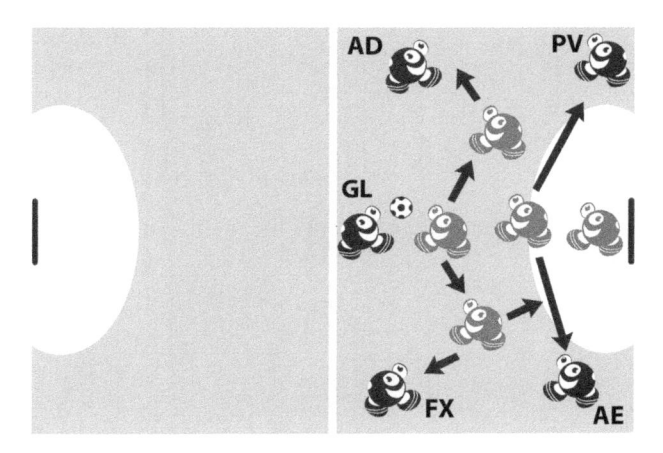

3:2 com o goleiro na ala x marcação com três jogadores à frente

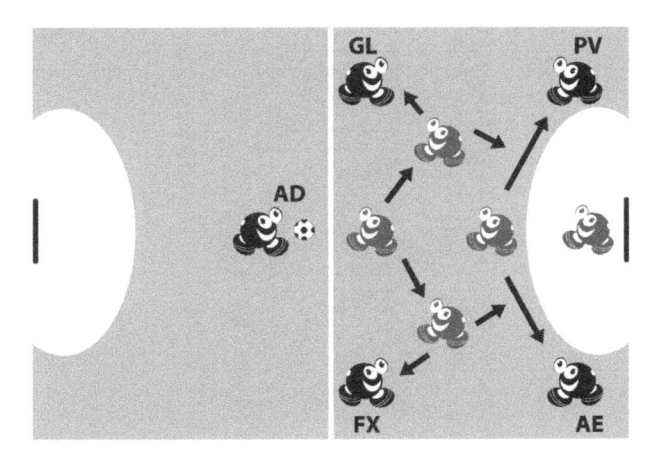

Variação do sistema 3:2 para 1:2:2

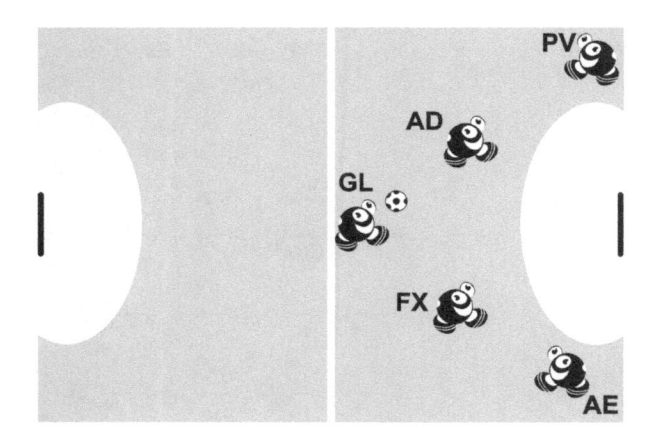

Variação do sistema 3:2 para 2:1:2

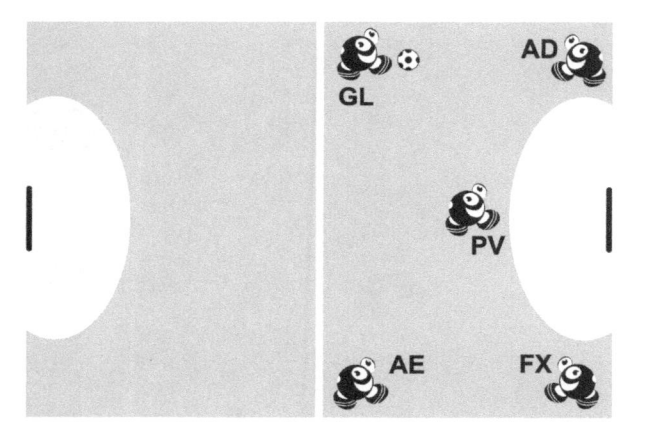

MOVIMENTAÇÕES BÁSICAS

No futsal, existem três movimentações básicas em relação ao percurso dentro da quadra. Em um trabalho de iniciação, é de suma importância que essas movimentações sejam desenvolvidas, pois servirão de apoio para as movimentações mais complexas de ocupação dos espaços. São elas: a paralela, a diagonal e a vai, vem e vai (gato).

Paralela – o jogador de defesa sempre penetrará no ataque com uma movimentação paralela à linha lateral da quadra.

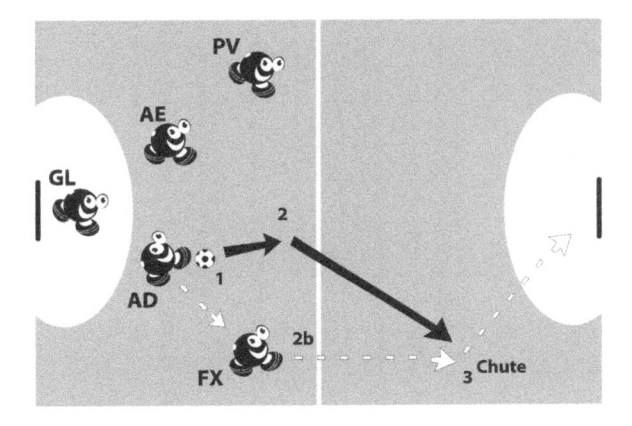

Diagonal – o jogador de defesa sempre penetrará no ataque com uma movimentação diagonal em relação à linha lateral da quadra.

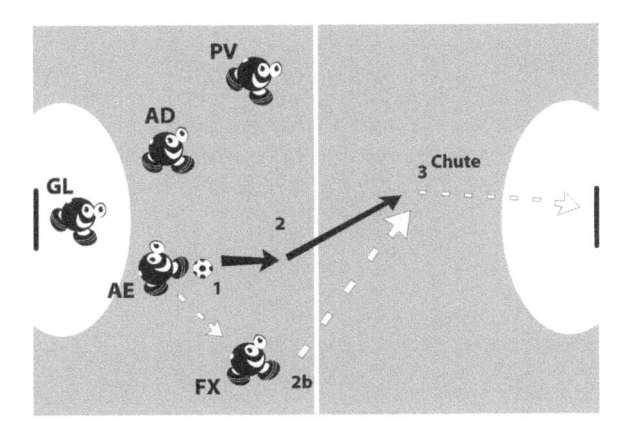

Vai, Vem e Vai (Gato) – Um jogador passa a bola para outro companheiro de equipe, desloca-se sem ela como fosse progredir para a frente a fim de recebê-la novamente, retorna ao lugar de origem e, em seguida, desloca-se para a frente, no espaço vazio, para então receber o passe.

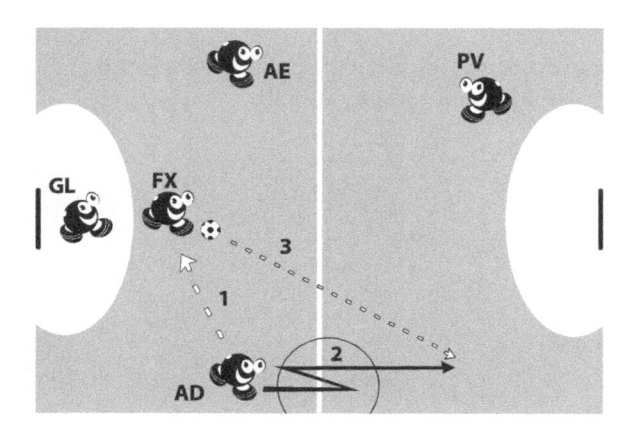

Para alguns autores, como Bello Júnior (1999), os padrões de jogo são utilizados para uma movimentação de posse de bola e visam estabelecer um estágio de equilíbrio na partida e a aplicação de futuras jogadas ensaiadas. O autor aponta como padrões a penetração paralela e a diagonal, já citadas, e as movimentações em redondo e quebrado (citadas neste livro como movimentação tática do rodízio em quadra).

Troca de direção

Um dos princípios básicos nas movimentações do futsal é a troca de direção. O jogador, antes de correr no sentido proposto, deve ameaçar para o lado contrário, a fim de enganar o adversário e ganhar mais espaço para receber a bola passada por seu companheiro. A troca de direção nada mais é do que a aplicação da finta de corpo.

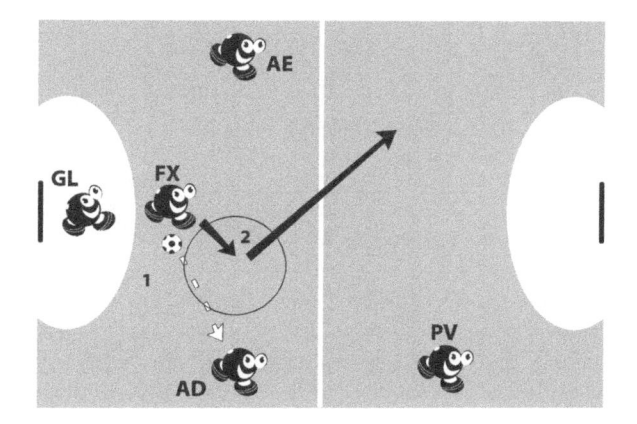

Triângulos ofensivos

A concepção dos triângulos ofensivos tem por base a ideia de que as movimentações ofensivas se caracterizam por ter sempre alguém de posse da bola, duas linhas de passe e um atleta na cobertura. Esses deslocamentos formam os triângulos de ataque. Em outras palavras, um atleta lança a bola ao colega que está de pivô no ataque e vai ao seu encontro para dar opção de passe, outro jogador se aproxima como segunda opção de passe e de chute, e um terceiro fecha para o meio da quadra para fazer a cobertura. Na realidade, formam-se dois triângulos: um entre os três jogadores de ataque e outro entre os dois do ataque com o jogador da cobertura.

Bloqueio

O bloqueio ocorre quando um jogador atacante, sem a bola, bloqueia o caminho do adversário para facilitar a função do seu companheiro. Com isso, o defensor fica seriamente prejudicado por algum tempo, facilitando, assim, as manobras da equipe que está atacando. Esse recurso é aconselhável quando a marcação do adversário for individual.

Bloqueio móvel

O bloqueio móvel ocorre quando, após realizar o bloqueio, o jogador se apresenta para receber a bola de seu companheiro, sendo uma segunda opção para a jogada.

O individualismo e a criatividade

Dois princípios importantes que devem ser observados são o individualismo e a criatividade. Não devemos privar os jogadores que possuem essas características de usá-las, porém, é preciso lembrá-los de suas responsabilidades e salientar que seu uso deve ser seguido de extrema convicção e, de preferência, na meia-quadra adversária, possibilitando condições de cobertura.

Contra-ataque

O contra-ataque é um elemento técnico-tático, de caráter ofensivo, que consiste na saída rápida da defesa para o ataque, com a finalidade de surpreender o adversário. É a primeira e uma das principais formas de ataque que uma equipe pode realizar. Sempre que a equipe recupera a bola, deve avançar à meta adversária da forma mais rápida possível, para obter vantagem numérica, antes que a defesa adversária se posicione de modo eficaz. O desenvolvimento desta tática requer um treinamento muito intenso quanto às habilidades técnicas dos jogadores – passes precisos, tempo certo de deslocamento do jogador e da bola e a conclusão a gol próxima da área adversária. Tal treinamento pode fazer parte dos aquecimentos que antecedem os coletivos. Deverão ser criadas inúmeras situações de contra-ataque durante o trabalho técnico com bola, o que possibilitará que durante a partida o atleta já tenha se habituado a contra-atacar em velocidade e com bom tempo de bola (passes precisos, rápidos, movimentação sem bola, com algum companheiro e cobertura), para que não seja surpreendido por um novo contra-ataque. O tipo de contra-ataque que ocorre com mais frequência durante os jogos, segundo alguns estudos, são as situações de quatro contra três. No entanto, muitas outras formas também ocorrem, ou seja, de três contra dois, dois contra um e dois contra o goleiro.

Existem dois tipos de contra-ataque:

Direto – quando o goleiro faz uma defesa e repõe rapidamente a bola para um jogador de linha, que avança até concluir o gol. Ou quando o jogador que recuperou a bola vai na direção da meta adversária e faz a conclusão (chute a gol).

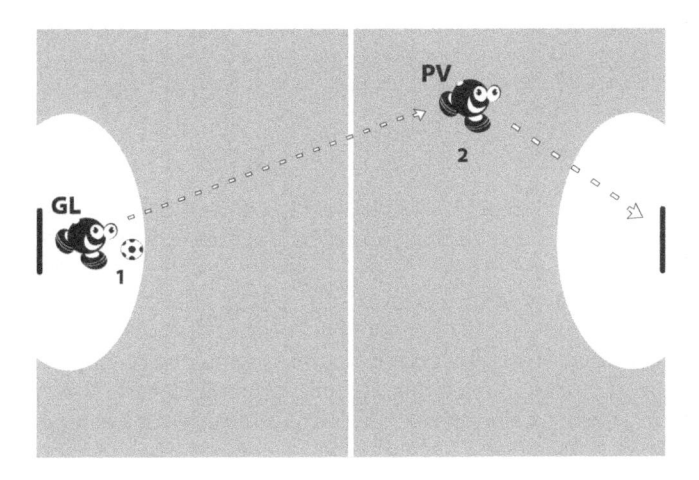

Indireto – quando há, após a roubada de bola, troca de passes entre os jogadores da mesma equipe antes da conclusão a gol.

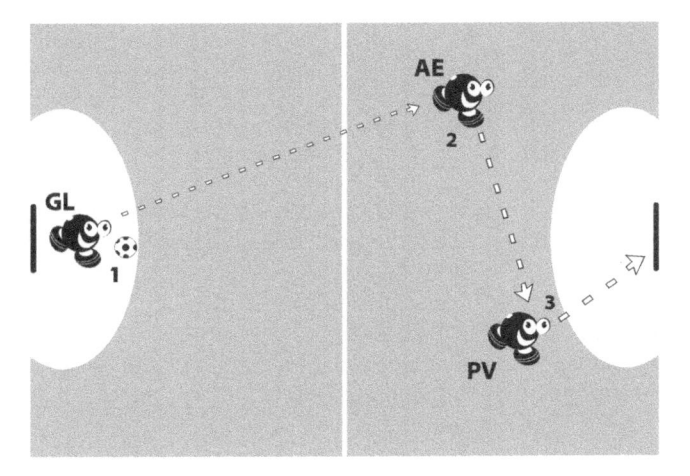

Bello Júnior (1999) classifica o contra-ataque de várias formas:

- sustentado – quando o jogador responde ao ataque conduzindo a bola até o gol;
- assistido – quando, em apenas um passe, acontece a conclusão ao gol adversário;
- lançado – quando o goleiro ou jogador, após o ataque da equipe contrária, lança a bola em longa distância ao companheiro.

Expulsão temporária

Com a nova regra da expulsão temporária, em muitas partidas as equipes podem ficar com uma vantagem numérica durante dois minutos. Para que essa vantagem se torne um benefício, é preciso ter alguns cuidados. Os defensores lutarão bravamente, visando recuperar a falta do companheiro, e concentrarão suas energias somente para a marcação. A equipe que estiver com superioridade numérica deve ter calma para chegar ao gol adversário. A pressa e as jogadas individuais são expressamente proibidas. O melhor posicionamento, nessa situação, é abrir 2:2 e inverter os pés para facilitar o chute a gol. Os passes devem ser rápidos e precisos. Na armação da jogada devem ficar, de preferência, um bom passador e um bom chutador de média distância. É necessário ter cuidados especiais nas laterais e escanteios a favor, pois o número de jogadores em quadra se iguala e, em certos momentos, poderá ser preferível voltar a bola e recomeçar a jogada.

Na verdade, são muitos os detalhes que deverão ser colocados em prática para ter sucesso. Portanto, é importante trabalhar essa situação de jogo nos treinamentos, para que os atletas, em situação real, estejam orientados e tranquilos.

Faltas sem barreira

Outro benefício que a regra possibilita são as faltas sem barreira. Após a quinta falta coletiva da equipe adversária, elas são cobradas sem a formação de barreira. Inclusive, nas últimas alterações das regras, a distância do chute sem barreira, que anteriormente era de 12 metros, passou para 10 metros. Muitos jogos são definidos em uma falta sem barreira. Por isso, devemos treinar esse tipo de cobrança nos diferentes setores da quadra, com o objetivo de escolher os melhores cobradores.

Jogadas ensaiadas e combinadas

Jogadas ensaiadas e combinadas são aquelas preestabelecidas em treinamento pelo técnico e seus atletas e têm por objetivo chegar ao gol adversário com maior facilidade. Classificam-se em situações de *bola parada* e de *bola em movimento*. As jogadas de *bola parada* podem ocorrer no início e no reinício de jogo, nas faltas, nos escanteios e nas laterais. Já as jogadas de *bola em movimento* podem ocorrer somente com os jogadores de linha ou com o auxílio do goleiro aos jogadores de linha. Essas jogadas devem ser automatizadas e ensaiadas repetidas vezes. É necessário mais de uma alternativa de jogada e, principalmente, que se saiba executá-las no momento e na situação ideal de jogo.

Defesa

Há quem afirme que o melhor ataque começa com uma boa defesa. Essa afirmação é positiva, uma vez que as principais situações de ataque no jogo derivam de um erro do adversário e de bolas roubadas na marcação, quando são realizados os contra-ataques. As defesas evoluíram muito em função do melhor condicionamento físico dos atletas e da nova dinâmica estabelecida dentro do futsal com concepção total – todos devem saber atacar e defender. A seguir, serão apresentados os tipos de marcação utilizados no futsal.

Marcação significa não deixar o oponente jogar, isto é, combatê-lo de forma legal, impedindo-o de levar vantagem nas disputas de bola e, consequentemente, defender o seu gol contra as investidas da equipe contrária.

Na linguagem de base do futsal existem três *tipos de marcação*: a *individual*, a *por zona* e a *mista*.

De forma bem resumida, a marcação pode ser vista de três maneiras:

- *Marcação individual* – tem como objetivo executar a ação de marcar de forma direta um determinado oponente. Há duas formas de marcação individual: pressão parcial e pressão total.
- *Marcação por zona ou espaço* – ação de marcar um determinado espaço ou setor da quadra de jogo.
- *Marcação mista* – combina as ações de marcação individual e por zona.

Defesa alternada/Divisão da quadra em linhas

Além da classificação já citada, alguns treinadores utilizam outros critérios, que serão vistos adiante, para a ocupação da quadra em sua marcação. Durante a partida, o treinador deverá utilizar uma linguagem que o adversário não compreenda, possibilitando, se necessário, a utilização da *defesa alternada*, que nada mais é que alterações sucessivas de defesas no transcurso do jogo, visando impedir que o adversário se equilibre e se adapte ofensivamente ao tipo de marcação imposta.

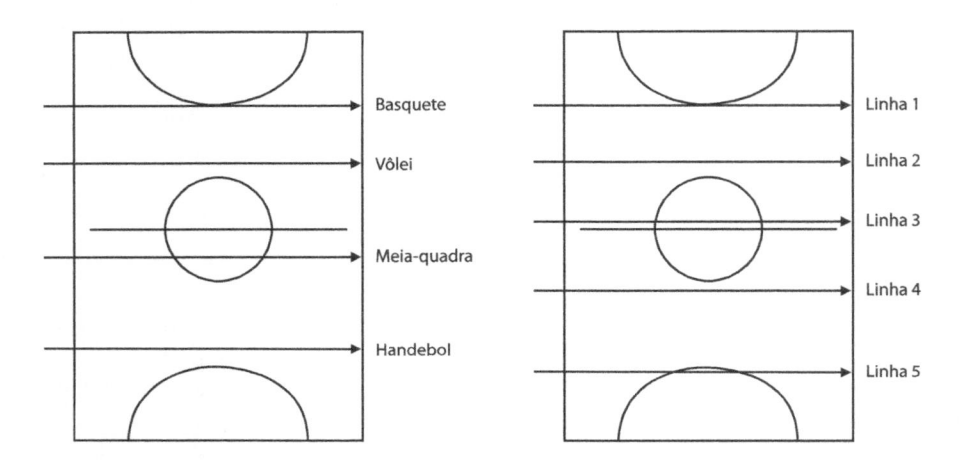

5
A PROPOSTA PEDAGÓGICA DO FUTSAL

O FUTSAL NA ESCOLA: ANÁLISE DO PRODUZIDO E A POSSIBILIDADE DE UM NOVO FAZER PEDAGÓGICO

Atualmente, o esporte está presente tanto na vida escolar quanto fora dela, e as crianças, mesmo durante os pequenos intervalos de recreio e entrada escolar, se deparam com o jogo. Muitas vezes, de forma brilhante, esse jogo é criado por elas mesmas e tem suas próprias regras, sendo realizado em pequenos espaços e com material alternativo, como bolas de papel, de meia, latas, tampinhas e, embora possuam regras próprias adequadas ao espaço e ao número de participantes, em sua essência trazem traços marcantes do esporte oficial, como o gol, a cesta, o arremesso e a defesa.

Esses pequenos jogos, que na sua origem seriam coletivos, muitas vezes são jogados individualmente, em duplas, ou em trios, pois, na falta de maior número de alunos para praticá-los, acabam por desenvolver suas próprias técnicas e fundamentos básicos, como é o caso do voleibol de dupla, do basquetebol de dupla, jogado em apenas uma tabela e, principalmente, os pequenos jogos do futebol (vaza-entra; 3:1; gol a gol; bichinho), e até mesmo o jogo de taco, que na sua prática imita o beisebol americano.

Hoje, na escola, o esporte tem função inegável no processo de ensino-aprendizagem, não só como conteúdo da educação física, mas também como atividade extraclasse que, por meio da motivação que as crianças demonstram por esta ou por aquela modalidade, possibilita ao professor trabalhar conjuntamente os aspectos técnico-táticos do jogo e as questões sociais, como o individualismo, a cooperação, o espírito de grupo, o respeito, a liderança, as críticas, a justiça, entre outros.

O desenvolvimento de atividades esportivas na escola não é apenas saudável. Quando bem-orientadas, elas possibilitam, não só a quem pratica, como também a quem assiste, momentos maravilhosos de proezas físicas, como a imprevisibilidade do drible, a harmonia de jogadas coletivas, o desdobramento de uma defesa, o sucesso e o insucesso lado a lado, a angústia. Já cantou Belchior: "Estava mais angustiado que o goleiro na hora do gol". Essas emoções intensas estão presentes no dia a dia das aulas de educação física, e cabe aos professores ter sensibilidade suficiente para identificá-las e canalizá-las para um processo de ensino-aprendizagem autêntico e comprometido com a criança.

Para Frare (1994, citado por Giusti, 1995), os jogadores, e por extensão os torcedores, trabalham em uma disputa com praticamente todas as emoções humanas, como a agressividade, a competição, a inveja, a depressão, o orgulho, a vaidade, a humilhação, a amizade, a rivalidade, o fingimento, a traição e a solidariedade. Para o autor, a imprevisibilidade do jogo acentua a ação dramática.

Diante das diferentes concepções e práticas pedagógicas para o desenvolvimento do esporte apresentadas neste livro, procuramos identificar alguns autores que tratam do futsal, das propostas para o desenvolvimento dos métodos de aprendizagem e dos pontos em que tais propostas divergem ou coincidem.

Entre os que retratam o futsal em seus livros, é possível observar que a maioria traz propostas para o aprendizado do futsal bem mais direcionadas a esquemas táticos e técnicos do jogo do que propriamente ao desenvolvimento do futsal como iniciação e aprendizado básico, em uma visão mais escolarizada.

O que fica evidenciado é que, em sua maioria, os autores estão comprometidos com o esporte de alto rendimento, relatando muitos esquemas de jogo, partindo do princípio de equipe formada por poucos jogadores, todos com conhecimentos básicos do jogo e qualidades técnicas já desenvolvidas, referindo-se aos praticantes do jogo como "atletas" ou "jogadores" e aos instrutores como "treinadores".

Tais autores dificilmente falam em aula de educação física para o aprendizado, e sim em treinamento e *performance*, deixando claro o princípio de esporte de alto rendimento em suas propostas de trabalho, reforçando, assim, críticas feitas ao esporte praticado nas escolas, no que diz respeito à carência de propostas práticas realmente pedagógicas e adequadas à realidade escolar.

Segundo Souza (1994), o que se pode ver nas escolas é o espaço das aulas sendo utilizado para a preparação de equipes estudantis, em que o professor (treinador) objetiva, quase que de forma exclusiva, a representação da instituição nos famosos "jogos escolares". Nesse sentido, Oliveira (1983) afirma que o professor está transformado em treinador, e os alunos, por consequência, em atletas. O que resulta dessa atitude é que os alunos menos habilidosos tecnicamente ficam à margem em benefício daqueles mais habilidosos. Isso demonstra uma clara intervenção da instituição esportiva, com todo o seu ideário classificatório, atuando como um agente de discriminação, em ambiente que não tem essa finalidade ou, pelo menos, não deveria ter.

Muitos autores possuem uma abordagem diferenciada, mostrando uma grande preocupação com o ensino dos fundamentos técnicos do jogo (condução de bola, passe, chute, drible, etc.), mas poucos apresentam propostas ou sugestões de ensino para a correção dos defeitos mais comuns ocorridos na aprendizagem, deixando implícito que sua preocupação relaciona-se bem mais com aprimorar e aperfeiçoar o que já foi previamente aprendido do que ensinar e corrigir o movimento primário.

Isso fica evidenciado quando se observa que poucos autores apresentam um método de ensino para o desenvolvimento de suas propostas, indo de encontro aos processos de ensino-aprendizagem. Poucos autores deixam claro qual o procedimento ou método mais adequado ao aprendizado do futsal entre meninas ou turmas mistas, que basicamente fazem parte da realidade escolar. Poucas propostas estimulam jogos recreativos ou brincadeiras com a bola tendo regras próprias e características lúdicas que, se incentivados, traria grande auxílio para o desenvolvimento coletivo do jogo.

Professores/treinadores, que na prática estão comprometidos com o esporte de rendimento praticado nos clubes esportivos, não apresentam propostas claras para o desenvolvimento do futsal escolar. Todavia, dentro de suas visões pedagógicas, contribuíram muito para que o futsal alcançasse a dimensão atual.

Em muitas escolas, ainda hoje é ensinado e jogado o futsal dos clubes, de caráter competitivo, atrelado ao rendimento, longe dos objetivos da disciplina e da expectativa da maioria dos alunos.

A respeito disso, Rochefort (1995) adverte para uma tendência de separação, de "diferenciação", com o intuito de classificar o que é e o que não é atribuição da escola no que diz respeito ao conteúdo das práticas esportivas. Segundo o autor, há o "esporte na escola" e o "esporte da escola", sendo a primeira uma denominação que quer mostrar toda a influência do esporte de rendimento e de seu ideário como norteadora das atividades de ensino. Já a segunda pretende evidenciar a ausência desses conceitos norteadores, colocando a escola como quem dita o que deve ser feito.

O que os professores de educação física têm conseguido, ao desenvolver o futsal como conteúdo programático da disciplina, é reproduzir o jogo visto nas competições, ensinando as regras estabelecidas pela confederação, desenvolvendo apenas o fundamento básico usado no jogo (chute), como meio de obter êxito na aula através da vitória.

Ainda está longe o dia em que maioria das escolas irá encarar o futsal como mais um "jogo de bola", no qual o importante é ver a alegria da criança brincando, estimulando a sua fantasia e ao mesmo tempo enriquecendo suas vivências. É importante para a criança conhecer o esporte, mas de forma jogada, aprender seus fundamentos brincando, vivenciando novas experiências motoras, inventando novas regras para jogos com objetivos próprios.

Para isso, entendemos que é na aula, nesse singular, mas fundamental espaço, que temos a grande chance de trabalhar o conteúdo "esporte" com todos os alunos, discutindo seu teor regimental, que se manifesta pelas regras oficiais, analisando suas possibilidades e identificando suas diferenças, elegendo alternativas de execução, para, então, do real ao possível, permitir a sua apropriação por parte dos alunos como fenômeno esportivo, mas também as suas transformações como fenômeno educativo.

O futsal descomprometido com a vitória e com o confronto facilitaria o aprendizado de meninas e de crianças com menos experiências motoras, que, pelo conhecimento do jogo, com certeza desenvolveriam aspectos motores, afetivos e cognitivos.

O professor deve utilizar estratégias inteligentes de ensino para desenvolver o esporte dentro de sua escola, considerando aspectos importantes como a competição, que mal ou bem está presente no contexto escolar, e procurando procedimentos adequados de ensino-aprendizagem.

Em seu texto *Desporte na escola: competição ou cooperação?*, Rochefort (1995) analisa procedimentos mais cooperativos para serem desenvolvidos de forma significativa nas aulas de educação física. Esse autor propõe uma discussão mais ampla e transformadora, que aponte para uma mudança no trato do conteúdo esportivo e da conduta escolar. Para ele, fica claro que, para adotar uma postura mais cooperativa no que diz respeito aos procedimentos, é imperativo "ousar". É necessário ousar duas vezes. Primeiro, rompendo com a cultura imposta do esporte de rendimento: a de normatizador e balizador das atividades esportivas nas aulas de educação física na escola, sem necessariamente desconhecer sua existência. Em segundo lugar, ousar entender que esse rompimento determina uma alteração do significado. Rochefort aponta, assim, para a identificação do significado central do que Kunz (1994) chamou de "o se movimentar" de cada modalidade esportiva.

Para nós, as transformações que deverão ocorrer em relação às condições de realização do aluno, no sentido da "perfeição", devem concretizar-se em nível de prazer e satisfação do aluno ou no êxito, em última instância, e não no modelo da competição. É, na verdade, uma mudança de sentido no aprendizado do esporte na escola e, em caso específico, na aprendizagem do futsal.

No ensino do futsal, o "se movimentar" de outras modalidades esportivas, lúdicas ou artísticas, pode estar inter-relacionado com desenvolvimento do esporte em questão, possibilitando o maior número de experiências motoras possível. Essas experiências, mesmo estando ligadas a outras disciplinas ou atividades esportivas, lúdicas ou não, e embora não pareçam fazer parte de pré-requisitos básicos para a prática do futsal, podem auxiliar muito o aprendizado deste, quando bem conduzidas, orientadas e com um planejamento adequado. Além de facilitar a iniciação ao esporte, propiciam à criança novas vivências individuais e coletivas e uma postura corporal diversificada, possibilitando formas diferenciadas de movimentação.

Isso acontece quando, ao ensinar alguns fundamentos, como o drible no futsal, utilizamos os ensinamentos da dança, com sua imprevisibilidade de movimentos corporais, ou, ao ensinar a "finta de corpo", usamos noções básicas de capoeira, rica em movimentos de percepção corporal. Também podemos, ao ver o fundamento "passe", utilizar a movimentação do handebol, com movimentos óculo-manuais, para depois passar para a forma podal, e muitas outras relações de movimentos. Junto a essas infinitas possibilidades de movimentação, também deve-se oportunizar às crianças espaços para interagirem com o jogo por meio de suas vivências pessoais, trocando experiências, aprendendo e ensinando com o grupo por meio de jogos, principalmente os lúdicos, de regras improvisadas e coerentes com seus objetivos. Um exemplo é o futsal, no qual acontecem os pequenos jogos: "vaza-entra", "gol a gol", "3x1" e "bichinho". Todos esses jogos trazem, em sua essência, os princípios do futsal, e por meio do incentivo desses e muitos outros que a imaginação da criança alcançar, o professor estará desenvolvendo o esporte de forma prazerosa, lúdica, pedagógica e comprometida.

Na escola, além do momento da aula de educação física, o futsal pode ocorrer como forma de treinamento ao tornar-se alternativa de atividade extraescolar, geralmente como escolinha esportiva. Cabe salientar que é nessas situações que se observa um dos fatos que mais desagradam os profissionais de educação física de modo geral. Trata-se da postura de alguns professores que se limitam a entregar uma bola para que os alunos joguem, sem efetivamente exercer sua função educativa. Muitos justificam tal atitude relatando a ausência da disciplina de futsal em seu currículo de graduação; outros afirmam a falta de cursos de reciclagem e atualização.

Alguns estudos apresentam propostas de planejamento com objetivos e conteúdos a serem alcançados nos diferentes anos escolares. Giusti (1995) traz em sua análise uma proposta pedagógica com plano bimestral para o ensino do futsal de 6º a 9º anos. Já Andrade Júnior (1999), de forma bastante sucinta, divide as séries em grupos. Agrupa 6º, 7º, 8º e 9º anos, e ensino médio, apresentando os conteúdos da parte técnica, técnica de grupo e da parte tática.

Aliada a essas ideias, trazemos também uma experiência da disciplina de Técnicas de Ensino no Futsal, que lecionou na Escola de Educação Física da Universidade Federal do Rio Grande do Sul (ESEF/UFRGS). As turmas escolhidas para essa prática foram as de 4º e 5º anos, em uma escola estadual. As aulas foram estruturadas de forma lúdica, utilizando-se, por vezes, trabalhos técnicos mais tradicionais. Optou-se também por atividades recreativas no aquecimento, quando, na maioria das vezes, não se utilizava a bola de futsal para não saturar os alunos com um só conteúdo e movimento.

Como resultado dessa vivência, foi possível observar que, desde os anos iniciais do ensino fundamental, ao ser ministrado por profissionais capacitados, o futsal pode ser um conteúdo enriquecedor, pois proporciona às crianças inúmeras experiências motoras (principalmente a coordenação óculo-podal), e tantos outros efeitos inter-relacionados.

Ainda nesse contexto, de modo geral, foi possível verificar que as meninas são as grandes prejudicadas, principalmente quando as aulas de 2º a 5º anos são ministradas por professores com formação em nível de magistério que, não estando preparados para trabalhar com a educação física, apenas fornecem uma bola de futsal para os meninos e disponibilizam cordas e bolas de voleibol para as meninas, oferecendo, assim, pobreza motora nos aspectos relacionados à coordenação óculo-podal para as meninas.

Ao sugerir uma proposta para o ensino do futsal na escola, pensamos na necessidade de buscar um sentido realmente pedagógico, tornando-a diferente no que diz respeito à sua aprendizagem, seus princípios, seus ensinamentos básicos, seus ideários e seu compromisso social, político e cultural, buscando, assim, desenvolver uma nova concepção do esporte para a sua prática na escola, fundamentado pelo que Kunz (1994) denominou de "transformação didática do esporte".

Para desenvolver o futsal como conteúdo programático na escola, é fundamental a compreensão do esporte na sua dimensão mais ampla e crítica, sendo necessários, para isso, alguns conhecimentos que não são adquiridos pela simples prática. Isso muda totalmente o conceito de ensino dos esportes, transformado didaticamente para atender ao compromisso educacional, e não apenas às exigências esportivas. Isso possibilita aos alunos, além de aprender a praticar o esporte, condições de compreendê-lo.

Por essa razão, nossa proposta visa desenvolver o tema futsal para que seja trabalhado com outras dimensões e, principalmente, com outras funções, capaz de contribuir na formação de pessoas críticas e emancipadas. Dessa forma, o esporte serviria como âncora para desenvolver outras formas de conhecimentos (psicológico, social e cultural) por parte de todos os alunos. Isso diferencia essa proposta das demais práticas esportivas existentes hoje na maioria das escolas, nas quais não são aproveitados recursos como leituras, confecção de material de jogo, painéis, cartazes, visitas a outros centros educacionais e, muitas vezes, não são consideradas as vivências pessoais dos alunos.

De forma a proporcionar uma visão das questões relativas aos conteúdos mais indicados para os diferentes anos escolares, expomos primeiramente, de forma simplificada e sucinta, algumas ideias gerais que podem colaborar para nortear o trabalho daqueles que desenvolvem suas atividades na escola. Em seguida, de forma completa, apresentamos os quadros-síntese com a proposta de ensino do futsal na escola.

Educação infantil ao 5º ano do ensino fundamental – muita vivência motora, espaços variados, bolas de diferentes tipos, tamanhos e pesos, técnica desenvolvida de forma recreativa e jogo com regras simplificadas e adaptadas. Enfatizar e valorizar os pequenos jogos que os alunos geralmente utilizam antes do começo da aula e no recreio. São eles: vaza-entra, 3:1, gol a gol, 3x fora, bobinho, etc. Pode-se começar a introduzir o sistema 2:2 e a marcação individual.

6º ao 9º ano do ensino fundamental – mesclar as atividades técnicas formais com as recreativas, do simples para o complexo, do fácil para o difícil, breves informações táticas, principalmente no 9º ano, com sistemas ofensivos básicos como 2:2, 2:1:1, 1:2:1 e 3:1, com marcação individual de pressão e meia-pressão, por zona e mista, atividades que proporcionem relação de ataque e defesa, 2:1, 3:1, 3:2, etc., e jogo com as regras oficiais, por vezes adaptadas. Jogadas ensaiadas de bola parada de simples aplicação.

Ensino médio – deve-se dar continuidade aos conhecimentos proporcionados na fase anterior, obviamente elevando o grau de dificuldade. Aprofundar o sistema 3:1 e apresentar os sistemas 3:2, 4:0, 1:3 e 3:1 com seus rodízios e a marcação em linhas. Pode-se também aprimorar o conhecimento de jogadas ensaiadas, principalmente as de bola parada, e incluir algumas de bola em movimento, da mesma forma que o jogo deve ter um tempo mais expressivo no contexto de aula. O conhecimento das regras oficiais e o preenchimento da súmula poderão ocorrer com a aplicação prática dos próprios alunos durante o jogo.[2]

---

[2] O futsal aplicado na escola deve conter, em todos os anos, atividades de forma pré-esportiva e recreativa e jogo adaptado. Com a falta de recursos disponíveis, indica-se que o professor utilize material alternativo e reciclado.

APRENDIZAGEM MOTORA PARA O ENSINO DO FUTSAL

Quadro 5.1 EDUCAÇÃO INFANTIL ATÉ O 2º ANO DO ENSINO FUNDAMENTAL

Aspectos desenvolvidos	O que desenvolver	Como desenvolver	Objetivos a serem alcançados	
Físico/motor	• Esquema corporal • Lateralidade • Estruturação espacial • Estruturação temporal • Habilidades motoras • Atividades recreativas lúdicas e formativas • Movimentos variados transferíveis ao jogo • Capacidades coordenativas com a bola	• Conhecimento do corpo • Jogos da lateralidade • Orientação/ Organização • Tempo/ Ritmo/ Ordem • Andar/Correr/ Pular/Chutar/ Arremessar • Exercício de coordenação e dinâmica geral • Estímulo ao jogo de bola • Capacidades físicas elementares por meio de brincadeiras de perseguição e cooperação como estafetas, nunca três, etc.	• Desenvolver atividades lúdicas, recreativas, formativas. • Despertar o interesse e a curiosidade da criança para o desporto em questão. • Organizar experiências de movimentos variados transferíveis ao jogo. • Identificar fundamentos do jogo em questão. • Desenvolver fundamentos do jogo, respeitando o ritmo individual de aprendizagem dos alunos. • Estimular troca de experiências motoras. • Adequar as regras, as diferentes situações propostas durante a atividade.	
Técnica individual	• Identificar e vivenciar fundamentos • Desenvolver fundamentos primários do jogo • Exercitação de habilidades técnicas • Condução de bola • Chute • Passes elementares • Ações básicas de goleiro	• Exercícios específicos • Formas variadas de execução • Exercícios combinados • Jogos adaptados • Identificação de erros • Jogos lúdicos/ recreativos objetivando o fundamento • Análise e observação na execução do movimento	**Técnica** • Exposição oral dialogada • Trabalhos individuais e em grupos • Discussões • Aulas teóricas • Relato de experiências • Questionários • Temas – desenhos	**Recursos** • Revistas • Vídeos • Fotos • Painéis • Cartazes • Desenhos • Internet

(Continua)

Quadro 5.1 EDUCAÇÃO INFANTIL ATÉ O 2º ANO DO ENSINO FUNDAMENTAL
(Continuação)

Aspectos desenvolvidos	O que desenvolver	Como desenvolver	Objetivos a serem alcançados
Técnica coletiva (tática)	• Familiarização com a quadra • Familiarização com a bola • Regras primárias • Funções básicas do jogo • Compreensão do jogo • Compreensão do espaço de jogo • Jogar o jogo possível • Aprender a jogar com o colega (cooperação) e contra o adversário (oposição)	• Jogos recreativos • Atividades lúdicas • Jogos adaptados • Jogos reduzidos • Resgate do jogo de rua • Vivenciar diferentes formas de jogar (goleiro/linha) • Organizar experiências de movimentos variados, transferíveis ao jogo • Jogos com tempo reduzido	**Avaliação** • Alunos: a avaliação poderá ser feita através de um processo de autoavaliação dos conteúdos desenvolvidos, e avaliação do professor com a turma através de discussões em grupos. • Professor: a avaliação poderá ser feita com a retomada dos conteúdos propostos, observando a participação dos alunos, e analisando os movimentos básicos do desporto em questão, verificando se houve o aprendizado afetivo para o desenvolvimento do jogo.

Quadro 5.2 3º AO 5º ANO DO ENSINO FUNDAMENTAL

Aspectos desenvolvidos	O que desenvolver	Como desenvolver	Objetivos a serem alcançados
Físico/motor	• Estruturação espacial • Estruturação temporal • Habilidades motoras • Atividades recreativas lúdicas e formativas • Movimentos variados transferíveis ao jogo • Capacidades físicas elementares • Capacidades coordenativas com a bola	• Orientação/Organização • Tempo/Ritmo/Ordem • Andar/Correr/Pular/Chutar/Arremessar • Exercício coordenação e dinâmica geral • Estímulo ao jogo de bola • Jogos de atenção, percepção e tomada de decisão • Jogos com situação de oposição e colaboração simultânea	• Desenvolver atividades lúdicas, recreativas, formativas. • Despertar o interesse e a curiosidade da criança para o desporto em questão. • Organizar experiências de movimentos variados transferíveis ao jogo. • Identificar fundamentos do jogo em questão. • Desenvolver fundamentos do jogo, respeitando o ritmo individual de aprendizagem dos alunos. • Estimular troca de experiências motoras. • Adequar as regras, as diferentes situações propostas durante a atividade.

(Continua)

Quadro 5.2 3º AO 5º ANO DO ENSINO FUNDAMENTAL (Continuação)

Aspectos desenvolvidos	O que desenvolver	Como desenvolver	Objetivos a serem alcançados
Técnica individual	• Identificar e vivenciar fundamentos • Desenvolver fundamentos e habilidade técnicas • Condução de bola • Chute, arremessos • Passes • Domínio/Recepção • Drible/Finta • Cabeceio • Marcação • Ações básicas de goleiro	• Fundamentação teórica • Fundamentação prática • Exercícios específicos • Formas variadas execução • Jogos adaptados • Identificação de erros • Correção dos absurdos • Jogos lúdicos / recreativos objetivando o fundamento • Análise e observação na execução do movimento	**Técnica** • Exposição oral dialogada • Trabalhos individuais e em grupos • Discussões • Aulas teóricas • Relato de experiências • Questionários • Temas – desenhos **Recursos** • Revistas • Vídeos • Fotos • Painéis • Cartazes • Desenhos • Internet
Técnica coletiva (tática)	• Regras primárias • Funções básicas do jogo • Compreensão do jogo coletivo • Compreensão do espaço de jogo • Experimentar outros esportes com propostas tática diferenciadas • Vivenciar marcação individual e o sistemas 2:2 • Jogos adaptados de ataque e defesa	• Jogos recreativos • Jogos para desenvolvimento da inteligência tática • Jogos condicionados • Jogos situacionais • O jogo propriamente dito • Organizar experiências de movimentos variados, transferíveis ao jogo • Pequenos treinos táticos	**Avaliação** • Alunos: a avaliação poderá ser feita através de um processo de autoavaliação dos conteúdos desenvolvidos, e avaliação do professor com a turma através de discussões em grupos. • Professor: a avaliação poderá ser feita com a retomada dos conteúdos propostos, observando a participação dos alunos, e analisando os movimentos básicos do desporto em questão, verificando se houve o aprendizado afetivo para o desenvolvimento do jogo.

Quadro 5.3 6º AO 9º ANO DO ENSINO FUNDAMENTAL

Aspectos desenvolvidos	O que desenvolver	Como desenvolver	Objetivos a serem alcançados	
Físico/Motor	• Coordenação ampla • Coordenação viso-motora • Estruturação espacio-temporal • Memória perceptiva-motora • Habilidades motoras específicas do futsal • Capacidades físicas básicas • Movimentos variados com e sem bola transferíveis ao jogo	• Orientação/Organização • Tempo/Ritmo/Ordem • Andar/Correr/Pular/Chutar/Arremessar • Exercício coordenação e dinâmica geral • Resistência aeróbica • Força • Velocidade • Mobilidade	• Desenvolver e aperfeiçoar os fundamentos e as regras. • Identificar os principais fundamento do desporto em questão. • Organizar experiências de movimentos variados transferíveis ao jogo e o aprendizado de alguns sistemas. • Organizar o posicionamento dos alunos em quadra de acordo com as características individuais. • Desenvolver o sentido de grupo para uma verdadeira vivência coletiva, defendendo o compromisso as solidariedade e respeito humano. • Oportunizar ao aluno conhecer aspectos táticos mais elementares.	
Técnica individual	• Identificar arremessos • Aperfeiçoar fundamentos • Condução de bola • Chute • Passes/Recepções • Domínio • Ações básicas de goleiro • Drible e finta • Marcação • Identificar posicionamento em quadra e suas funções	• Fundamentação teórica • Fundamentação prática • Exercícios específicos • Formas variadas execução • Exercícios combinados • Identificação/correção de erros de execução • Jogos condicionados objetivando o fundamento • Análise e observação na execução do movimento	**Técnica** • Exposição oral dialogada • Trabalhos individuais e em grupos • Discussões • Aulas teóricas • Relato de experiências • Questionários • Debates	**Recursos** • Revistas • Vídeos • Fotos • Painéis • Cartazes • Internet • Acompanhamento de jogos

(Continua)

Quadro 5.3 6º AO 9º ANO DO ENSINO FUNDAMENTAL (Continuação)

Aspectos desenvolvidos	O que desenvolver	Como desenvolver	Objetivos a serem alcançados
Técnica coletiva (tática)	• Posicionamento em quadra • Goleiro como 5º jogador • Regras oficiais do jogo • Funções básicas do jogo – paralela e diagonais • Compreensão do espaço de jogo (abrir espaços) • Sistemas ofensivos e defensivos elementares	• Jogos recreativos • Jogos condicionados • Jogos situacionais • Jogos de apoio • O jogo propriamente dito • Organizar experiências de movimentos variados, transferíveis ao jogo	**Avaliação** • Alunos: a avaliação poderá ser feita através de um processo de autoavaliação dos conteúdos desenvolvidos, e avaliação do professor com a turma através de discussões em grupos. • Professor: a avaliação poderá ser feita com a retomada dos conteúdos propostos, analisando os conhecimentos absorvidos pelo alunos no decorrer do planejamento.

Quadro 5.4 ENSINO MÉDIO

Aspectos desenvolvidos	O que desenvolver	Como desenvolver	Objetivos a serem alcançados
Físico/Motor	• Coordenação ampla • Coordenação viso-motora • Estruturação espacio-temporal • Memória perceptiva-motora • Habilidades motoras específicas • Capacidades físicas básicas • Movimentos com e sem bola transferíveis ao jogo • Velocidade de ação e reação	• Campo de visão • Visão periférica • Orientação/Organização no espaço de jogo • Deslocamentos frontais e laterais • Exercício coordenação e dinâmica geral • Resistência aeróbica e anaeróbica • Força • Velocidade • Mobilidade	• Desenvolver e aperfeiçoar os fundamentos e regras, situando o esporte como fenômeno cultural. • Identificar posicionamento dos alunos em quadra de acordo com os sistemas empregados. • Oportunizar ao aluno conhecer os aspectos táticos defensivos do desporto em questão. • Oportunizar ao aluno conhecer os aspectos táticos ofensivos do desporto em questão. • Desenvolver o sentido de grupo para uma verdadeira vivência coletiva, defendendo o compromisso as solidariedade e respeito humano. • Analisar aspectos econômico, político e social do esporte profissional e amador

(Continua)

Quadro 5.4 ENSINO MÉDIO (Continuação)

Aspectos desenvolvidos	O que desenvolver	Como desenvolver	Objetivos a serem alcançados	
Técnica individual	• Aperfeiçoar fundamentos • Condução de bola • Chute, • Passe/Recepção • Domínio • Atribuições do goleiro • Drible e finta • Movimentações básicas • Troca de direção • Bloqueios • Criatividade • Individualismo	• Fundamentação teórica • Fundamentação prática • Exercícios específicos • Formas variadas execução • Exercícios combinados • Identificação de erros • Jogos lúdicos/recreativos objetivando a técnica individual • Análise e observação na execução do movimento	**Técnica** • Exposição oral dialogada • Trabalhos individuais e em grupos • Discussões • Aulas teóricas • Relato de experiências • Palestras • Debates	**Recursos** • Revistas • Vídeos • Fotos • Painéis • Cartazes • Internet • Acompanhamento de jogos
Técnica coletiva (tática)	• Posicionamento em quadra • Goleiro como 5º jogador • Regras oficiais do jogo • Movimentações básicas do jogo • Triângulos ofensivos • Sistemas ofensivos • Sistemas defensivos • Contra-ataque • Jogadas ensaiadas	• Jogos condicionados • Jogos situacionais • Ataque x defesa • Jogos de apoio • O jogo propriamente dito • Atividades visando o aperfeiçoamento técnico e tático • Análise tática de outros desportos e sua adequação para o desporto em questão	**Avaliação** • Alunos: a avaliação poderá ser feita através de um processo de autoavaliação dos conteúdos desenvolvidos, e avaliação do professor com a turma através de discussões em grupos. • Professor: a avaliação poderá ser feita com a retomada dos conteúdos propostos, analisando os conhecimentos absorvidos pelo alunos de forma teórica e prática, no decorrer do planejamento.	

PLANO DE ESTUDOS

O que é? Para que serve?

O *plano de estudos* é a organização formal do currículo definido pela escola. Ele relaciona as disciplinas ou projetos e atividades, atribuindo-lhes tempo, abrangência e intensidade. Ou seja, no plano de estudos a escola fundamenta e organiza como seu trabalho vai ser desenvolvido.

O *plano de estudos* substitui a antiga "base curricular", que se limitava a listar as disciplinas, com a respectiva carga horária, sem a preocupação de estabelecer relações entre as diferentes áreas do conhecimento. Assim, ele considera, além dos aspectos de distribuição do tempo, os conteúdos programáticos de cada componente curricular, sua relação com os demais elementos e a maneira como poderão contribuir na formação de cidadãos solidários, críticos, criativos e capazes de enfrentar desafios.

Um *plano de estudos* deve apresentar de forma clara:

- o que vai ser estudado;
- quando vai ser estudado;
- por quanto tempo vai ser estudado;
- os objetivos, os conteúdos e a profundidade do que vai ser estudado.

Diante disso, essa é a grande oportunidade que todos os professores, coordenadores e diretores têm para refletir e redimensionar a escola, buscando superar as dificuldades e fazer um trabalho de qualidade.

Conceito

> ... o plano de estudos é, pois, a organização formal do currículo, conforme definido pela escola, que relaciona as disciplinas ou projetos e atividades, atribuindo-lhes tempos, abrangência e intensidade. O plano de estudos substitui a antiga "base curricular", com uma grande e essencial diferença: enquanto a "base curricular" era um "documento" a ser aprovado, com caráter formalista e função burocrática e administrativa; o plano de estudos passa a ser uma pauta de trabalho, em torno da qual professores e alunos se reúnem para construir, ao longo do tempo e de forma planejada, a educação.
>
> *Parecer nº 323/99 – CEE/RS*

Como desenvolver?
Pela educação básica – (LDB – art. 22)

Objetivos:

- desenvolver o aluno;
- assegurar-lhe a formação comum indispensável ao exercício da cidadania;
- fornecer-lhe meios para progredir no trabalho e em estudos posteriores.

A formação integral do cidadão envolve a aprendizagem daquilo que devemos:

    Saber — *Conteúdos Conceituais* (fatos, conceitos, princípios)

    Saber Fazer — *Conteúdos Procedimentais* (métodos, técnicas, procedimentos)

    Saber Ser e Conviver — *Conteúdos Atitudinais* (valores, atitudes, normas)

Compromissos da escola:

- Científico: ⇨ o saber ⇨ conhecimentos
  ⇨ o saber fazer ⇨ habilidades
- Filosófico: ⇨ o saber ser e conviver ⇨ humanização e resignação do conhecimento
- Que ser humano queremos formar?
- Que escola queremos?
- Que tipo de profissional essa escola exige?

Essas questões devem ser respondidas no *Projeto Pedagógico*, este é o sonho e o ideal de qualquer instituição de ensino.

- *Plano de estudos* – É o elemento ordenador do currículo da escola.
- *Regimento escolar* – É o instrumento legal e formal.
- *Plano global* – É a agenda de trabalho, programas e projetos concretos.
- *Plano de trabalho* – É o detalhamento do trabalho que cada professor deverá desenvolver.

Como elaborar?

Os planos de estudos, como expressão concreta do projeto pedagógico da escola, serão resultado de construção coletiva. A caracterização de objetivos, a abrangência e a profundidade com que serão desenvolvidos cada um dos componentes curriculares podem ser feitas por meio de ementa, programa de disciplina ou outra forma de apresentação, sendo essencial a consulta aos Parâmetros Curriculares Nacionais.

- Aspectos da vida cidadã: saúde, sexualidade, vida familiar e social, meio ambiente, trabalho, ciência e tecnologia, cultura, linguagens.
- Relação de componentes curriculares de livre escolha para os estabelecimentos (parte diversificada), distribuídos no tempo com a respectiva carga horária.
- Explicitação dos objetivos e da amplitude e profundidade com que serão desenvolvidos (pode ser em forma de ementa, programa ou plano didático-pedagógico). Nesse item deve aparecer a relação dos componentes curriculares e a forma como, em conjunto, vão contribuir com a educação para a saúde, para a sexualidade, para a vida familiar e social e outros aspectos da vida cidadã.

É importante destacar que:

- Tanto as áreas de conhecimento quanto os aspectos da vida cidadã não são componentes de uma "base curricular", no sentido que vinha sendo dado a essa expressão, mas são elementos que devem ser inter-relacionados ao se definir o currículo do ensino fundamental.
- A parte diversificada, no ensino fundamental, servirá para enriquecer e complementar a base nacional comum.
- Nas áreas iniciais, os componentes curriculares dos planos de estudos revelarão maior grau de integração, enquanto, nas séries finais, podem-se individualizar disciplinas com vínculos mais evidentes entre cada uma das diversas áreas de conhecimento.

Observação

Não há necessidade de constar nos planos de estudos os itens que já constam no projeto político-pedagógico. É imprescindível que contenha as áreas de conhecimento, indicando os respectivos *componentes curriculares* (base nacional comum e parte diversificada) com sua correspondente *carga horária* (espelho-grade), bem como a explicitação dos *objetivos* e a profundidade com que serão desenvolvidos.

ELEMENTOS CONSTITUTIVOS DO PLANO DE ESTUDOS

A – Educação infantil

a) Fundamentos norteadores:
- Os princípios éticos da autonomia, da responsabilidade, da solidariedade e do respeito ao bem comum.
- Os princípios políticos dos direitos e deveres da cidadania, do exercício da criticidade e do respeito à ordem democrática.
- Os princípios estéticos da sensibilidade, da criatividade, da ludicidade e da diversidade de manifestações culturais e artísticas.

b) Âmbitos da experiência:
- Formação pessoal e social
  - Identidade e autonomia
  - Objetivos e conteúdos
- Conhecimento de mundo
  - Movimento
  - Música
  - Artes visuais
  - Linguagem oral e escrita
  - Natureza e sociedade
  - Matemática
  - Objetivos e conteúdos de cada componente curricular.

B – Ensino fundamental e ensino médio

Os fundamentos norteadores das ações pedagógicas que baseiam a articulação entre as áreas de conhecimento e os aspectos da vida cidadã:

- Os princípios éticos da autonomia, da responsabilidade, da solidariedade e do respeito ao bem comum.
- Os princípios políticos dos direitos e deveres da cidadania, do exercício da criticidade e do respeito à ordem democrática.
- Os princípios estéticos da sensibilidade, da criatividade, da ludicidade e da diversidade de manifestações culturais e artísticas.

SUGESTÃO DE UM PLANO DE ESTUDOS DIRECIONADO AO ENSINO DO FUTSAL

Cabe salientar que este plano de estudo foi elaborado para uma escola particular procurando-se usar os recursos disponíveis.

Ao elaborar um plano de estudos, deve-se considerar o *contexto*.

Plano de estudo

Educação física

- I Ciclo
  Educação infantil ao 2º ano do ensino fundamental
- II Ciclo
  Ensino fundamental – 3º ao 5º ano
- III Ciclo
  Ensino fundamental – 6º ao 9º ano
- IV Ciclo
  Ensino médio

I – DADOS DE IDENTIFICAÇÃO

Escola:
Localidade:
Grau de ensino:
Carga horária:

Ano:

II – EMENTA

Segundo a Federação Internacional de Educação Física, em seu manifesto mundial de 2000, a educação física, pelos seus valores, deve ser compreendida como um dos direitos fundamentais de todas as pessoas.

Assim, ela é um processo de educação, seja por vias formais ou não formais que:

- ao *interagir* com as influências culturais e naturais (água, ar, sol, etc.) de cada região e as instalações e equipamentos artificiais adequados;
- ao *utilizar* atividades físicas na forma de exercícios ginásticos, jogos, esporte, danças, atividades de aventura, relaxamento e outras opções de lazer ativo com propósitos educativos;
- ao *objetivar* a aprendizagem e o desenvolvimento de habilidades motoras de crianças, jovens, adultos e idosos, aumentando as suas condições pessoais para a aquisição de conhecimentos e atitudes favoráveis para a consolidação de hábitos sistemáticos de prática física;
- ao *promover* uma educação efetiva para a saúde e a ocupação saudável do tempo livre de lazer;
- ao *reconhecer* que as práticas corporais relacionadas ao desenvolvimento de valores podem levar à participação de caminhos sociais responsáveis e à busca da cidadania.

Assim, constitui-se em um meio efetivo para a conquista de um estilo de vida ativo dos seres humanos.

III – COMPETÊNCIAS (CONSIDERANDO...)

O meio específico da educação física

As atividades físicas com fins educativos, nas suas possíveis formas de expressão, constituem-se em caminhos privilegiados de educação.

A educação física como componente prioritário do processo de educação

A educação física, por seu conceito e abrangência, deve ser considerada parte do processo educativo das pessoas, dentro ou fora do ambiente escolar, por constituir-se na melhor opção de experiências corporais, sem excluir a totalidade dos indivíduos, criando estímulos à vida que incorporem o uso de variadas formas de atividades físicas.

A educação física e a perspectiva de educação continuada

A educação física deve ser assegurada e promovida durante toda a vida das pessoas, ocupando um lugar de importância nos processos de educação continuada, integrando-se com os outros componentes educacionais, sem deixar, em nenhum momento, de fortalecer o exercício democrático expresso pela igualdade de condições oferecidas na sua prática.

A educação física na escola e o seu compromisso de qualidade

A educação física, por possibilitar o desenvolvimento da dimensão psicomotora, principalmente das crianças e dos adolescentes, conjuntamente com os domínios cognitivos e sociais, deve ser disciplina obrigatória nas escolas de ensino fundamental e médio, fazendo parte de um currículo longitudinal.

A educação física como educação para a saúde

A fim de exercer sua função de educação para a saúde e atuar preventivamente na redução de enfermidades relacionadas com a obesidade, problemas cardíacos, hipertensão, algumas formas de câncer e depressão, contribuindo para a qualidade de vida de seus beneficiários, a educação física deve desenvolver hábitos de prática regular de atividades físicas nas pessoas.

A educação física como educação para o lazer

A educação física deverá sempre constituir-se de práticas prazerosas para que possa criar hábitos e atitudes favoráveis quanto ao uso das diversas formas de atividades físicas no tempo de lazer dos indivíduos.

A educação física como um meio de promoção cultural

A educação física deverá ser utilizada de forma ética, sempre como um meio adequado de respeito e de reforço às diversidades culturais.

As relações da educação física com o esporte

A educação para o esporte, pelo potencial humanístico e social que o fenômeno esportivo representa, deve ser estimulada e promovida em todos os processos de educação física.

O esporte educacional e o esporte-lazer (ou de tempo livre) devem ser considerados como conteúdos da educação física pela similaridade de objetivos, meios e possibilidades de utilização ao longo da vida das pessoas.

A educação física e a adequação de instalações e equipamentos

Todos os responsáveis pelos processos de educação física devem empenhar-se na busca de instalações e meios materiais adequados para que não sejam prejudicados nos seus objetivos.

A educação física para pessoas com necessidades especiais

A educação física, reconhecida como meio eficaz de equilíbrio e melhoria em diversas situações, quando oferecida a pessoas com necessidades especiais, deverá ser cuidadosamente adaptada às características de cada caso.

A educação física e seu compromisso contra a discriminação e a exclusão social

A educação física deve ser utilizada na luta contra a discriminação e a exclusão social de qualquer tipo, democratizando as oportunidades de participação das pessoas com infraestrutura e condições favoráveis e acessíveis.

A educação física e as responsabilidades diante do meio ambiente

Todos os responsáveis por qualquer manifestação de educação física deverão contribuir com efetividade para que ela seja desenvolvida e oferecida em uma convivência saudável com o meio ambiente, sem causar impactos negativos, inclusive utilizando instalações planejadas para esse fim e equipamentos preferencialmente reciclados e sem materiais poluentes.

IV – HABILIDADES

A educação física contribui para a construção de um estilo pessoal na execução de movimentos. Com isso, os alunos tornam-se capazes de apreciar o próprio movimento de forma crítica na busca da autonomia. Aprendem, também, por meio da participação social, a cooperar com os colegas. As aulas de educação física levam o aluno a praticar princípios democráticos e uma vivência coletiva.

Segundo os Parâmetros Curriculares Nacionais, a disciplina de educação física deve desenvolver as seguintes habilidades específicas ao longo da vida escolar dos alunos:

- Conhecer seus limites e possibilidades, podendo, dessa forma, estabelecer suas próprias metas.
- Compreender, valorizar e saber usufruir as diferentes manifestações culturais.
- Organizar jogos, brincadeiras e outras atividades lúdicas.
- Nas atividades corporais, respeitar o desempenho do colega, sem discriminações de nenhuma natureza.
- Manter o respeito mútuo, a dignidade e a solidariedade em situações lúdicas e esportivas, resolvendo conflitos de forma pacífica.

- Saber que organizar jogos e brincadeiras é um modo de usufruir o tempo disponível.
- Aprender com pluralidade. Conhecer diferentes manifestações da cultura corporal é uma forma de integrar pessoas e grupos sociais.
- Reconhecer as condições de trabalho que comprometem o desenvolvimento. Os estudantes devem identificar as atividades que põem em risco o seu desenvolvimento físico, não aceitando para si, e nem para os outros, condições de vida indigna.
- Conhecer seus limites e possibilidades físicas para controlar atividades corporais com autonomia, entendendo que essa é uma maneira de manter a saúde.
- Analisar os padrões de estética, beleza e saúde como parte da cultura que os produz e analisar de forma crítica o consumismo.
- Entender as diferentes manifestações da cultura corporal sem discriminação nem preconceito, valorizando e participando delas.
- Criar, durante as aulas de educação física, oportunidades para que os alunos compartilhem com os colegas suas experiências previamente adquiridas.
- Estimular os alunos a assistir as mais diversas formas de movimento, como apresentações artísticas, jogos ou danças, e observar com eles a beleza dos movimentos e técnicas empregadas. O aluno aprende não só quando pratica, mas também quando observa e analisa.

V – CONTEÚDOS

I CICLO

Educação infantil ao 2º ano do ensino fundamental

Acervo motor

1. O esquema corporal
   a) O corpo vivido
   b) Conhecimento das partes do corpo
   c) Orientação espaço-corporal
   d) Organização espaço-corporal
2. A lateralidade
   a) Noção de dominância lateral
   b) A nível dos membros inferiores
   c) A nível dos membros superiores
   d) A nível dos olhos

e) Diferença entre a lateralidade e o conhecimento "esquerda-direita"
f) Organizar-se em função de sua lateralidade
g) Jogos de reconhecimento "esquerda-direita"

3. A estruturação espacial
   a) Noções
   b) Etapas da estruturação espacial
   c) Orientação espacial
   d) Organização espacial
   e) Compreensão das relações espaciais

4. A orientação temporal
   a) Noções
   b) Etapas da orientação temporal
   c) Percepção do espaço e estruturação espaço-temporal

5. Exercícios de coordenação
   5.1 Coordenação óculo-manual
      a) Exercícios globais de lançar-apanhar
      b) Exercícios de habilidades
      c) Exercícios de dissociação com dois objetos
      d) Exercícios de pontaria
   5.2 Coordenação dinâmica geral
      a) Corridas
      b) Exercícios de lançamentos
      c) Exercícios de saltos e transposição de obstáculos
      d) Exercícios de agilidade no chão
      e) Equilíbrio com deslocamento
      f) Trepar
      g) Exercícios de fortalecimento da lateralidade e orientação do "esquema corporal"

6. Educação da atitude e do equilíbrio com interiorização
   a) Conscientização da globalidade das atitudes
   b) Flexibilização da coluna vertebral
   c) Reforço do tônus muscular
   d) Exercícios de equilíbrio com interiorização

7. Jogos com regras adaptadas e educação psicomotora
   7.1 Iniciação ao desporto de forma lúdica
      a) Futebol
      b) Futsal

c) Regaste aos jogos de rua (gol a gol, três dentro três fora, quem vaza entra, bobinho, 3x1, etc.)
d) Jogos reduzidos

Desporto: futsal

1.1   Familiarização com a quadra;
1.2   Familiarização com a bola;
1.3   Exercícios de coordenação pedal;
1.4   Jogos recreativos com diferentes tipos de bola;
1.5   Confecção de material de jogo;
1.6   Conhecimento das dimensões da quadra, área, traves;
1.7   Regras primárias;
1.8   Número de jogadores;
1.9   Início e reinício de jogo;
1.10 Arremessos (lateral, escanteio, faltas);
1.11 Contagem;
1.12 Fundamento condução, passe e chute de forma recreativa, pré-desportiva e com grau de simples compreensão;
1.13 Goleiro: movimentos de defesa, uso do corpo, coordenação manual/pedal;
1.14 Atribuições básicas do goleiro, zona de jogo, vestimenta, proteção do corpo-órgãos, entre outros.

Capacidades físicas elementares

1   Coordenação
2   Agilidade
3   Mobilidade

II CICLO

Ensino fundamental - 3º ao 5º ano

Acervo motor

1. A estruturação espacial
   a) Noções
   b) Etapas da estruturação espacial
   c) Orientação espacial
   d) Organização espacial
   e) Compreensão das relações espaciais
2. A orientação temporal
   a) Noções
   b) Etapas da orientação temporal
   c) Percepção do espaço e estruturação espaço-temporal
3. Exercícios de coordenação
   3.1 Coordenação óculo-manual
      a) Exercícios globais de lançar-apanhar
      b) Exercícios de habilidades
      c) Exercícios de dissociação com dois objetos
      d) Exercícios de pontaria
   3.2 Coordenação dinâmica geral
      a) Corridas
      b) Exercícios de lançamentos
      c) Exercícios de saltos e transposição de obstáculos
      d) Exercícios de agilidade no chão
      e) Equilíbrio com deslocamento
      f) Trepar
      g) Exercícios de fortalecimento da lateralidade e orientação do "esquema corporal"
4. Educação da atitude e do equilíbrio com interiorização
   a) Conscientização da globalidade das atitudes
   b) Flexibilização da coluna vertebral
   c) Reforço do tônus muscular
   d) Exercícios de equilíbrio com interiorização
5. Jogos com regras adaptadas e educação psicomotora
   5.1 Iniciação ao desporto de forma lúdica
      a) Futebol

b) Futsal
c) Regaste aos jogos de rua
d) Jogos reduzidos
e) Jogos para desenvolvimento da inteligência tática
f) Jogos condicionados
g) Jogos situacionais
h) Jogos com transferência de gestos motores esportivos de outras modalidades esportivas, como basquetebol, handebol e voleibol

Desporto: futsal

1.1 Exercícios de coordenação pedal;
1.2 Jogos recreativos com diferentes tipos de bola;
1.3 Confecção de material de jogo;
1.4 Conhecimento das dimensões da quadra, área, traves;
1.5 Regras primárias;
1.6 Fundamento condução, passe, chute, domínio/recepção, drible e finta, marcação e cabeceio de forma recreativa, pré-desportiva e com grau de simples compreensão;
1.7 Goleiro: movimentos de defesa, uso do corpo, coordenação manual/pedal;
1.8 Atribuições básicas do goleiro, regras, zona de jogo, vestimenta, proteção do corpo-órgãos, entre outros;
1.9 Conhecimento das funções básicas do jogo;
1.10 Início do ensino da marcação individual e do sistema 2:2;
1.11 Adaptação a tática do jogo por meio de jogos de ataque e defesa e adaptados.

Capacidades físicas elementares

4 Resistência aeróbica
5 Resistência anaeróbica
6 Força
7 Velocidade
8 Flexibilidade
9 Coordenação
10 Agilidade
11 Mobilidade

III CICLO

Ensino fundamental – 6º ao 9º ano

Desporto: futsal

Continuidade à familiarização com todo ambiente do jogo;
Conhecimento de um maior número de regras (número de jogadores; arremessos; lateral, escanteio e faltas; contagem, faltas/jogo perigoso; arremesso de meta) e, posteriormente, conhecimento de todas as regras oficiais;

Fundamento técnico: *"Condução de bola"*

a) Importância do fundamento;
b) Fundamentação teórica/prática do movimento;
c) Condução utilizando partes diferentes do pé: interna, externa e solado;
d) Condução em trajetórias sinuosa e retilínea;
e) Condução em deslocamento: frontal e lateral;
f) Condução de bola com obstáculos;
g) Pequenos jogos objetivando a condução de bola.

Fundamento técnico: *"Passe"*

a) Importância do fundamento;
b) Execução do movimento de forma natural – análise e observação;
c) Fundamentação teórica/prática do movimento;
d) Formas de execução: variadas e diferenciadas;
e) Identificar os principais erros;
f) Formas combinadas de execução;
g) Pequenos jogos objetivando o passe de bola.

Fundamento técnico: *"Chute"*

a) Importância do fundamento;
b) Execução do movimento de forma natural – análise e observação;
c) Fundamentação teórica de formas diferenciadas e em circunstância de jogo;
d) Formas de execução: variadas e diferenciadas;

e) Identificar os principais erros;
f) Formas combinadas de execução, condução de bola, passe e chute;
g) Pequenos jogos objetivando o chute de bola.

Fundamento técnico: *"Domínio e recepção de bola"*

a) Importância do fundamento;
b) Execução do movimento de forma natural – análise e observação;
c) Fundamentação teórica/prática do movimento;
d) Formas de execução: variadas e diferentes partes do corpo;
e) Formas combinadas de execução, com passe, chute e condução;
f) Identificar os principais erros;
g) Pequenos jogos objetivando a recepção e o domínio de bola.

Fundamento técnico: *"Drible"*

a) Importância do fundamento;
b) Execução do movimento de forma natural – análise e observação;
c) Fundamentação teórica/prática do movimento;
d) Formas de execução: variadas e diferenciadas;
e) Drible ofensivo e defensivo;
f) Identificar os principais erros;
g) Formas combinadas de execução, com passe, chute e condução;
h) Pequenos jogos objetivando o drible de bola.

Fundamento técnico: *"Finta"*

a) Importância do fundamento;
b) Execução do movimento de forma natural – análise e observação;
c) Fundamentação teórica/prática do movimento;
d) Formas de execução: variadas e diferenciadas;
e) Finta ofensiva e defensiva;
f) Identificar os principais erros;
g) Formas combinadas de execução;
h) Diferença entre o drible e a finta;
i) Deixada de corpo;
j) Corta-luz;
k) Finta para sair da marcação: balançar;
l) Pequenos jogos objetivando a finta de bola.

Fundamento técnico: *"Marcação"*

a) Importância do fundamento;
b) Execução do movimento de forma natural – análise e observação;
c) Fundamentação teórica/prática do movimento;
d) Fases da marcação: aproximação e abordagem;
e) Cobertura e antecipações;
f) Identificar os principais erros;
g) Pequenos jogos objetivando a marcação de bola.

Fundamento técnico *"Cabeceio"*

a) Importância do fundamento;
b) Execução do movimento de forma natural – análise e observação;
c) Fundamentação teórica/prática do movimento;
d) Formas de cabeceio: frontal e lateral; de ataque e defesa;
e) Formas combinadas de execução;
f) Identificar os principais erros;
g) Pequenos jogos objetivando o cabeceio de bola.

Conhecimento das Funções Básicas do Jogo (diferenciadas)

a) Linha - Movimento de defesa e ataque, manuseio da bola com o pé;
b) Goleiro - Movimentos de defesa, uso do corpo todo.

Goleiro

a) Atribuições básicas do goleiro de futsal;
b) Defesa: conhecer as diferenças na movimentação do jogo;
c) Zona de jogo;
d) Regras básicas;
e) Proteção do corpo-órgãos;
f) Colocar a bola em jogo.

Arremessos de jogo

Arremessos laterais e escanteio

a) Importância;
b) Fundamentação teórica/prática do movimento;

c) Regras para a cobrança;
d) Posicionamento defensivo;
e) Posicionamento ofensivo com finalização.

Arremesso: faltas

a) Importância;
b) Fundamentação teórica/prática;
c) Regras para a cobrança;
d) Advertência e punições para quem executa;
e) Faltas com barreira (formação da barreira);
f) Faltas sem barreira;
g) Penalidades.

Importância do posicionamento na organização do jogo

a) Goleiro: características;
b) Fixo: características;
c) Alas: características;
d) Pivô: características.

Importância do plantel ou grupo de jogadores, reservas ou não, para o desporto coletivo

Movimentações básicas do jogo futsal: paralela e diagonal

Fundamentos táticos do futsal

a) Manobras ofensivas e defensivas/ataque e defesa/oposição e cooperação e contra-ataque. Vantagem e desvantagem numérica, principalmente através de jogos adaptados, condicionados, situacionais e de apoio.
b) Sistema 2x2;
   - Característica do sistema;
   - Utilização do sistema;
   - Posicionamento em quadra;
   - Variações do 2x2;
   - Vantagens e desvantagens.

c) Sistema 1x2x1;
   - Característica do sistema;
   - Utilização do sistema;
   - Posicionamento em quadra;
   - Vantagens e desvantagens.

d) Sistema 2x1x1;
   - Característica do sistema;
   - Utilização do sistema;
   - Posicionamento em quadra;
   - Vantagens e desvantagens.

e) Sistema 3x1;
   - Característica do sistema;
   - Utilização do sistema;
   - Posicionamento em quadra;
   - Variações do 3x1;
   - Vantagens e desvantagens.

Apresentar algumas jogadas ensaiadas/combinadas enfatizando as de bola parada.

Discutir temas do jogo

a) A criatividade;
b) O coletivo;
c) A competição;
d) Antijogo;
e) A superação, cooperação e a solidariedade.

Capacidades físicas elementares

a) Resistência aeróbica;
b) Resistência anaeróbica;
c) Força;
d) Velocidade;
e) Flexibilidade;
f) Coordenação;
g) Mobilidade.

CONTEÚDOS – IV CICLO

Ensino médio

Desporto: futsal

Aperfeiçoar fundamentos do jogo

    a) Condução;
    b) Passe;
    c) Chute;
    d) Domínio/recepção;
    e) Drible/finta;
    f) Marcação;
    g) Cabeceio.

Atribuições básicas do goleiro

    a) Aperfeiçoar alguns fundamentos específicos;
    b) Rever regras específicas;
    c) Alguns fundamentos específicos de linha.

Posicionamento básico do jogo e suas características

    a) Goleiro;
    b) Fixo;
    c) Alas;
    d) Pivô;
    e) Jogador universal.

Fundamentos táticos do futsal

    1. Manobras defensivas do futsal

        a) Importância do fundamento;
        b) Fundamentação teórica/prática;
        c) Qualidades motoras para a marcação;
        d) Regras básicas de marcação (jogo de corpo, jogo perigoso, etc.);
        e) Tipos de marcação (individual, zona mista e em linhas de marcação);
        f) Importância de cada tipo de marcação.

2. Manobras ofensivas do futsal
   a) Importância do fundamento;
   b) Fundamentação teórica/prática;
   c) Importância da posse de bola – valorizar;
   d) Compreender a importância dos fundamentos do jogo (condução, passe, domínio, drible), para desenvolver sistemas;
   e) Movimentações básicas para o jogo tático: paralela e diagonal;
   f) Diferença entre tática e sistemas.
3. Variações do sistema ofensivo
   i) Sistema 3x1
      - Os rodízios proporcionados no sistema 3x1.
   j) Sistema 3x2
      - Característica do sistema;
      - Utilização do sistema;
      - Posicionamento em quadra;
      - Variações para o 2x3;
      - Vantagens e desvantagens.
   k) Sistema 4x0 ou 4 em linha
      - Característica do sistema;
      - Utilização do sistema;
      - Posicionamento em quadra;
      - Vantagens e desvantagens.
   l) Sistema 1x3
      - Característica do sistema;
      - Utilização do sistema;
      - Posicionamento em quadra;
      - Variações do 1x3;
      - Vantagens e desvantagens.

Apresentar algumas jogadas ensaiadas/combinadas: aperfeiçoar as de bola parada e apresentar as de bola em movimento.

Noções de arbitragem

   a) Arbitragem para alunos;
   b) Conhecimento da súmula.

Discussão de tema básicos

a) Amadorismo;
b) Profissionalismo;
c) Esporte coletivo;
d) Competição;
e) Cooperação e superação no esporte;
f) Característica individuais do jogador de futsal.

Capacidades físicas para o futsal

a) Resistência aeróbica;
b) Resistência anaeróbica;
c) Exercícios de agilidade;
d) Exercícios de flexibilidade;
e) Exercícios de coordenação;
f) Exercícios de velocidade;
g) Exercícios de força.

V - METODOLOGIA

- Ensino socializado (visando fortalecer o espírito de grupo)
- Ensino individualizado (motivando o alcance dos objetivos)

VI – AVALIAÇÃO

- Alunos: por meio de um processo de autoavaliação, avaliação dos conteúdos propostos, avaliação do professor e turma, por meio de discussões em pequenos grupos e exposição ao grande grupo.
- Professor: avaliação feita com retomada dos objetivos propostos, analisando os conhecimentos adquiridos pelo aluno no decorrer do ano letivo.

O FUTSAL EXTRACLASSE

Em virtude da maioria das escolas terem o esporte como proposta pedagógica complementar após o período de aula regular, apresentamos dois quadros que poderão auxiliar na estruturação de aulas/treinos de futsal. Algumas escolas chamam de atividades complementares, extraclasse, vivências ou simplesmente de escolas esportivas. Mesmo sendo uma atividade não obrigatória, cabe ressaltar que a mesma possui comprometimento com a proposta pedagógica da escola, no que tange seus princípios éticos e filosóficos alicerçados na sua missão e visão institucional.

Quadro 5.5 ETAPAS DO CURRÍCULO

Estágio	Idade	Fase	Características	Jogos
1	5 a 7 anos	**Geral** – Adaptação – Aprender a gostar – Busca do prazer	Idade de grande energia. Gostam de brincadeiras, de divertimento, encontram-se ainda em uma fase de egocentrismo e têm dificuldade de jogar coletivamente. O foco é atrair os alunos a gostarem do futsal e de terem prazer pelo jogo.	Atividades psicomotoras com o uso da bola. Jogos recreativos e cooperativos.
2	7 a 11 anos	**Iniciação** – Aprender a jogar para o time	Estão saindo da fase de egocentrismo. Já começam os primeiros relacionamentos e a formação de grupos. Idade de ouro para a aprendizagem. Fase de sensibilização ambiental para desenvolver a inteligência para o jogo de futsal.	Jogos recreativos, condicionados. Simples, situacionais e de apoio.
3	11 a 14 anos	**Orientação** – Aprender a treinar	São muito sensíveis a críticas, mas gostam de criticar a conduta dos demais. Fase de autoafirmação. Fase em que os alunos já têm boa compreensão das regras e do jogo. Desenvolvimento caracterizado pelo aumento de peso corporal e estatura (estirão do crescimento), acompanhado da não coordenação motora, apesar de estarem na idade muito boa para a treinabilidade. Gostam de desafios. Fase ideal para participação de amistosos, torneios de integração e encontros de futsal.	Jogos recreativos, condicionados. Intermediários, situacionais e de apoio.
4	14 a 16 anos	**Especialização** – Aprender a competir	Grande variação no comportamento psicológico com grande instabilidade emocional, apesar do alto nível intelectual. Eles precisam se sentir importantes no grupo. Por volta dos 16 anos as proporções corporais são mais harmoniosas, acompanhadas da melhoria da coordenação motora e com óbvios reflexos sobre a plasticidade esportiva. Fase ideal para participação de competições de futsal.	Jogos recreativos, condicionados. Complexos, situacionais e de apoio.

Quadro 5.6 CURRÍCULO

Estágio	Idade	Componente físico	Componente técnico	Componente tático	Objetivos atitudinais
1	5 a 7 anos	Atividades psicomotoras e movimentos naturais como correr, pular, saltar, girar, rastejar, trepar e etc.	O aluno, a bola, o alvo, o espaço de quadra e o adversário (em função do egocentrismo).	As crianças são egocêntricas – brincar com a bola é o mais importante. No entanto, elas podem começar a ser estimuladas a cooperar. Elas aprendem a entender o futsal através de jogos recreativos.	Respeito, limites, convivência, cooperação e inclusão.
2	7 a 11 anos	Tempo ideal para desenvolver velocidade, flexibilidade e habilidades.	O aluno, a bola, a quadra de jogo, os colegas e o adversário. Tempo para adquirir e desenvolver maior repertório de técnicas e movimentos relacionados com o futsal através de situações-problema.	Apesar da amplitude etária deste estágio, os alunos entre 7 e 9 anos já conseguem entender a importância do jogo coletivo. Devem ser estimulados a situações de vantagem e desvantagem numérica, experienciar as diferentes posições dos jogadores em quadra. A partir dos 10 anos, introduzir os sistemas básicos de ataque (2:2; 2:1:1) e de defesa (ênfase na marcação individual).	Disciplina, limites, respeitar o seu ritmo e do seu colega, inclusão, liderança, respeitar as diferenças, solidariedade e aprendizagem de práticas sociais.
3	11 a 14 anos	Tempo ideal para desenvolver velocidade, resistência e força.	Aprimoramento da técnica com grau intermediário de cobrança. Propiciar atividades que estimulem a tomada de decisão, visando à inteligência tática.	É a fase do estirão de crescimento e, portanto, apesar da ótima capacidade cognitiva, eles terão certa dificuldade de controlar seus movimentos. Mas é passageiro, logo começarão a se adaptar a este "novo" corpo. Manter o desenvolvimento dos sistemas 2:2; 2:1:1 e apresentar o sistema 3:1 com pivôs de referência e pivô posicionado na lateral da quadra. Experienciar também o sistema 3:2 com a utilização do goleiro linha. Além da marcação, individual incluir a marcação zona.	Disciplina, autonomia, *fair play*, saber ganhar e perder, respeitar os limites de cada um, competição sem rivalidade.

(Continua)

Quadro 5.2 CURRÍCULO (Continuação)

Estágio	Idade	Componente físico	Componente técnico	Componente tático	Objetivos atitudinais
4	14 a 16 anos	Tempo ideal para desenvolver resistência e força.	Elevar o nível de exigência com relação ao aprimoramento da técnica. Valorizar as atividades de ataque x defesa. Jogos de apoios que possibilitam a vantagem e desvantagem numérica são muito indicadas. O estímulo à criatividade, à tomada de decisões rápidas e de improvisação são extremamente importantes para o jogo de futsal.	Manter os sistemas anteriores, intensificar o sistema 3:1 com pivô de movimentação e o 3:2 com todas as variações possíveis. Apresentar o sistema 4:0 e verificar a capacidade em compreender e executar tal sistema, pois é de um grau elevado de complexidade. Com relação ao sistema defensivo, apresentar as linhas de marcação e os princípios da marcação.	Disciplina, autonomia, *fair play*, saber ganhar e perder, respeitar os limites de cada um, competição sem rivalidade.

6
ATIVIDADES PRÁTICAS

ATIVIDADES LÚDICAS E PRÉ-ESPORTIVAS APLICADAS AO FUTSAL

Nas atividades lúdicas e pré-esportivas, os fundamentos técnicos do futsal são apresentados de forma recreativa, aumentando a motivação das crianças e, ao mesmo tempo, abrindo canais para o aprendizado. Nesse enfoque pedagógico, não podemos esquecer da "ideia central do jogo" e devemos ter em mente as "ações do jogo" que estão sendo desenvolvidas, pois são elementos básicos para a elaboração das atividades. Além disso, elas deverão apresentar baixo grau de dificuldade e regras simplificadas.

Céu, terra e mar

Alunos posicionados em círculo, com o professor no centro; este passa a bola com o pé para um dos alunos e diz uma das três palavras: céu, terra ou mar. Imediatamente o aluno devolve a bola, também com um passe, e responde à pergunta do professor com a palavra correspondente.

Por exemplo:

- Céu, resposta sol.
- Terra, resposta casa.
- Mar, resposta peixe.

Nessa atividade, os alunos devem ser estimulados a responder rapidamente. Quem errar passa a ocupar o lugar do centro, onde estava o professor.

Ritmo e domínio

Formam-se duas colunas, com vários bambolês à frente. O primeiro aluno de cada coluna lançará a bola para a frente com um passe, correrá saltando por dentro dos arcos, tendo que, no final, alcançar a sua bola novamente. Serão trabalhados o passe, a coordenação, o ritmo e o domínio.

Parada com cabeceio

Os alunos, de posse de uma bola, vão conduzindo-a livremente em todos os espaços da quadra. Ao sinal do professor, eles deverão lançar a bola ao alto com as mãos e realizar o cabeceio e, em seguida, dar sequência à condução da bola.

Passe com música

Forma-se um grande círculo com um aluno de posse da bola. Quando o professor acionar a música, os alunos trocarão passes entre si. Ao cessar a música, o aluno que ficou de posse da bola deverá realizar uma tarefa preestabelecida pelo grupo.

Entre cones

Formam-se duas colunas, lado a lado. À frente de cada coluna serão colocados três cones, afastados entre si (aproximadamente 1 m). Após o último cone, a uma distância de 5 m, será colocada uma maçã. Os primeiros de cada coluna conduzirão a bola em zigue-zague por entre os cones, tendo que, no final, derrubar a maçã com um chute, sendo vencedora a equipe que conseguir derrubar mais vezes a maçã.

Passe de gancho ao alvo

Formam-se duas colunas, lado a lado, com uma caixa à frente, estando ela a uma distância de 3 m. O primeiro aluno de cada coluna realizará um passe de gancho, objetivando acertar dentro da caixa. Será vencedora a equipe que acertar dentro da caixa mais vezes.

Passe no círculo

Dois círculos com o mesmo número de componentes, distantes 4 m um do outro. Ao sinal dado pelo professor, o aluno com a bola deverá passá-la para o colega ao lado, e assim por diante, até que ela chegue a ele novamente. Após recebê-la, terá de fazer duas embaixadas e, depois, pegá-la com as mãos. Vence o grupo que concluir a tarefa primeiro.

Tira o rabo

Os alunos ficarão dispostos livremente na quadra de futsal, de posse de uma bola e de um rabo feito de jornal pendurado na cintura (nas costas). Ao sinal dado pelo professor, os alunos deverão tirar o rabo dos colegas, porém, não poderão perder o contato com sua bola. Os que perderem o rabo deverão sair do jogo. O vencedor será aquele que conseguir permanecer com o rabo.

Alerta

Os alunos estarão numerados e dispersos pela quadra. O professor jogará a bola para o alto e falará um número. O aluno que representa esse número deverá dominar a bola com os pés e dizer "alerta". Nesse momento, todos ficarão imóveis. Em seguida, esse mesmo aluno chutará a bola, tentando acertar o colega que estiver mais próximo. Se ele acertar, trocarão as posições; caso não acerte, pagará uma prenda.

Futvôlei

Jogam duas equipes, cada uma de um lado da quadra. Um aluno lançará a bola com o pé para o outro lado da quadra. Os jogadores do lado adversário poderão dar quatro toques sem utilizar as mãos, e a bola poderá quicar uma vez no solo.

Corrente com condução de bola

Alunos dispersos pela quadra de posse de uma bola. O professor escolhe dois alunos (os caçadores), que formarão uma corrente, sem a posse da bola. Aquele que for tocado pelos caçadores deixa a bola e junta-se a eles, aumentando a corrente. O jogo só terminará quando todos forem alcançados.

Bola no pneu

Formam-se duas colunas, posicionadas à frente da meta, que deverão acertar a bola dentro de um dos pneus amarrados e suspensos no travessão. Será vencedora a equipe que conseguir passar a bola por dentro do pneu.

Imitação

Os participantes ficarão em duplas, posicionando-se um atrás do outro. Cada aluno terá a posse de uma bola. Ao sinal dado pelo professor, as duplas se deslocarão por todos os espaços possíveis da quadra, e aquele que estiver atrás tentará repetir o percurso do aluno da frente.

Enganar

Forma-se um semicírculo. Todos os alunos deverão estar de pé e com as pernas cruzadas, e o professor ficará à frente com a bola no pé. Ele passa ou finge passar a bola para um aluno do semicírculo, que deve apanhá-la, mas se o passe não for realizado, não poderá descruzar as pernas. Se a bola for recepcionada com os pés, devolverá ao professor. O aluno que descruzar as pernas quando não for receber o passe pagará uma prenda.

Cada macaco no seu galho

Desenham-se vários círculos no chão. Cada aluno fica dentro de um círculo com a bola, sendo que um ficará de fora do círculo e sem bola. O professor dirá: "Cada macaco no seu galho", e todos trocarão de lugar o mais rápido possível. O que estiver no centro irá ocupar um lugar vago. Se não conseguir, ficará no centro novamente; caso contrário, aquele que ficar sobrando ocupará seu lugar.

1 x 1

Os participantes serão divididos em vários grupos de um contra um, cada dupla tendo uma bola de vôlei. Cada aluno defende seu gol e tenta fazer gol com a cabeça no seu adversário. As traves de meta poderão ser reduzidas ou formadas por cones. É indicado, nessa atividade, utilizar vários tipos de bola (borracha, tênis ou futsal).

Quem mudou de lugar?

Participantes em círculo: cada um com uma bola, e um deles no centro, observando as posições dos companheiros. Em seguida, o aluno do centro sem a bola fecha os olhos, enquanto os outros trocam de posição. Ele volta a abrir os olhos e procura descobrir as alterações feitas.

Corrida da cobra condutora

Formar duas colunas, lado a lado, sendo que em cada uma os alunos estarão segurando um na cintura do outro, formando uma cobra. Na frente de cada coluna serão colocados cinco cones, separados por 1 m de distância. O aluno da frente estará com uma bola. Ao sinal do professor, ambas as cobras deverão conduzir a bola por entre os cones e levá-la até o ponto determinado. A cobra não poderá se desmanchar durante o percurso. O grupo que chegar primeiro será o vencedor.

Domínio com balão

Cada aluno deve ter um balão e realizar embaixadas sem deixar que ele toque no chão.

Branco ou preto

Os alunos formam duas filas com 3 m de distância entre si. O professor deverá estar posicionado no extremo das linhas e lançará um disco que terá um lado branco e outro preto. A equipe cuja cor cair para cima deverá pegar os adversários. Os alunos que estão fugindo estarão salvos quando entrarem em sua área de meta.

1 x 2

O jogo se realizará em meia-quadra. Haverá um goleiro fixo, dois jogadores de defesa e um atacante. O jogo consiste em o atacante realizar dribles sobre os defensores, fazendo gols. O jogador defensor que roubar a bola passará a ser o atacante, e o antigo atacante passará a ser defensor. Essa atividade objetiva o drible, a marcação e a cobertura.

Corredor fechado

Um aluno deverá deslocar-se por meio de fintas com trocas constantes de direção de um lado da quadra a outro. Como oponente, haverá um aluno marcador, que deverá impedir o deslocamento e a progressão do colega.

Mantenha a área livre

Cada equipe pode manter-se somente em seu campo de jogo. Cada jogador está de posse de uma bola que deverá ser chutada em direção ao campo adversário após o início do jogo. Depois disso, cada equipe se esforça para manter seu campo o mais livre possível de bolas, fazendo devoluções rápidas (chutes de todas as posições). No final de cada tempo, são contadas as bolas que se encontram em cada lado. Vence a equipe que tiver o menor número de bolas.

Bola desalojada

Cada uma das equipes encontra-se atrás de sua linha de ataque. Por meio de chutes dirigidos a uma bola terapêutica ou a uma bola de basquetebol colocada no centro da "terra-de-ninguém", cada equipe tentará conduzi-la para além da linha de ataque do adversário. A bola só poderá ser "desalojada" por meio de chutes. Cada resultado positivo conta ponto.

Caça-chute

Um aluno da turma será escolhido o caçador. Os demais alunos ficarão dispersos na quadra. Ao sinal do professor, o caçador irá conduzir a bola com os pés, a fim de realizar a caçada com um chute, tentando acertar um colega. O aluno que for atingido passa a ser o caçador.

Taffarel

Serão formadas duas equipes com o mesmo número de participantes. Cada jogador cobrará uma penalidade máxima. Será escolhido um goleiro único (Taffarel) para as duas equipes. Cada equipe cobrará as penalidades alternadamente. Será vencedora aquela que fizer mais gols.

Quem peneira mais?

Formar um círculo grande. Um aluno de cada vez tentará realizar o maior número possível de embaixadas. Quem conseguir realizar mais embaixadas será o vencedor.

Foge balão

Os alunos ficarão espalhados em um espaço delimitado pelo professor. Cada aluno terá um balão amarrado no calcanhar. Ao sinal dado, os participantes terão de estourar os balões dos colegas sem deixar que estourem o seu. Os balões só poderão ser estourados com os pés. Aquele que tiver o seu balão estourado sairá do jogo. Ao fugir, não poderá erguer os pés para que os outros não estourem o seu balão e nem poderá sair do espaço delimitado. O vencedor será o aluno que ficar por último com o seu balão.

Envio da mensagem e da bola de futsal

Alunos dispostos em duas colunas, nas duas extremidades da quadra. Aos dois jogadores de cada extremidade é dada uma bola de futsal e mostrado o texto da mensagem, que será decorado. A bola é passada com os pés para o próximo colega, e a mensagem é transmitida. Quando a bola chegar ao último da coluna, a mensagem é dita em voz alta. Vence a equipe que mais se aproximar do texto original.

Quem consegue ir cabeceando até o local determinado, sem deixar a bola cair no chão?

Cada aluno estará com uma bola. O professor determinará que os alunos conduzam a bola de cabeça até um local específico. Os que não conseguirem terão nova chance, partindo do local em que perderam o controle dos cabeceios.

Estafeta com domínio

A turma deve ser disposta em colunas, uma ao lado da outra. Na frente de cada coluna será traçada uma linha, e, a 5 m de distância, onde estará um aluno com bola, será traçada outra linha. Ao sinal dado pelo professor, os dois alunos que estão com bola a lançarão com as mãos para que os primeiros de cada coluna realizem um domínio, deixando-a em contato com o solo e sob controle antes da linha. Após, esses alunos que já fizeram o domínio conduzirão a bola até a outra linha, quando entrarão os dois primeiros passadores e realizarão o mesmo processo. Os dois primeiros passadores correm para o final da sua coluna. A coluna vencedora será aquela em que todos conseguirem terminar a tarefa primeiro.

Domínio dentro do arco

Na frente de cada aluno será colocado um arco no chão. Um outro aluno lançará a bola para o alto com as mãos para que o da frente do arco realize o domínio e mantenha a bola sob controle dentro do arco. Quando o aluno não conseguir, troca de posição com o colega.

Coordenação e domínio

O professor ou os alunos estabelecem a tarefa a ser executada. Por exemplo: um giro de 360°. Cada aluno joga a sua bola ao alto, faz o giro de 360° e, depois, o domínio de bola, mantendo-a sob controle.

Foge com bola

Cada participante estará com uma bola de futsal, ficando todos espalhados pela grande área. O caçador ficará sem bola. Ao sinal dado, os alunos terão de fugir conduzindo a sua bola, não deixando que o caçador a pegue. O aluno que perder a sua bola passa a ser o caçador, mas não pode retomá-la do antigo caçador.

Jogador sai do túnel

Os alunos formam trios. Dois posicionam-se um em frente ao outro, de braços dados e estendidos, formando um túnel. O terceiro fica dentro desse túnel, com uma bola. Do lado de fora dos túneis, fica um jogador denominado "reserva". Quando o professor terminar de falar em voz alta: "O reserva quer entrar no jogo!", os alunos têm de trocar de túneis, conduzindo a bola de maneira que o reserva não entre no túnel. Se o reserva entrar em um dos túneis, o que ficou de fora passa a ser reserva e entrega a bola para o companheiro.

Condução de bola com comando

Conduzir a bola dentro da área de meta, na meia-quadra, no círculo central, sobre as linhas e na quadra inteira. O professor irá alternando os comandos.

Condução de bola com sinais

Podem também ser usados gestos, cores ou apito. Por exemplo, com um sinal de apito, os alunos conduzem a bola para a frente e, com dois sinais, para trás.

Estafeta com condução de bola e motricidade fina

Formam-se duas colunas paralelas na frente da trave. Os primeiros de cada coluna conduzem a bola até o poste, devendo, após, amarrar um barbante e retornar. O próximo aluno irá desamarrar e trazer o barbante para o próximo da coluna ir amarrá-lo novamente, e assim por diante. A equipe vencedora será aquela que terminar a tarefa primeiro.

O cachorrão e os gêmeos

Divide-se a turma em várias duplas, que são os gêmeos siameses. Cada dupla tem de andar de mãos dadas e conduzir a sua bola de maneira que o cachorrão, um aluno que fica sem bola, não consiga tomá-la. Se o cachorrão conseguir tirar a bola, escolherá um dos componentes da dupla para substituí-lo na função de pegador.

Os bobinhos gêmeos

Os alunos formam um círculo, com uma distância de 3 a 4 m um do outro. No centro do círculo, ficam duas duplas de mãos dadas, que serão "os bobinhos". Os participantes têm de realizar passes entre eles sem que os bobinhos toquem na bola. O jogador que realizar um passe errado, deixando o bobinho tocar na bola, passa para a posição de bobinho juntamente com o colega posicionado à direita do círculo.

Mês de aniversário

Os participantes ficam no fundo da quadra, cada um com uma bola. No centro fica o pegador, que irá dizer um mês do ano. Os aniversariantes daquele mês devem conduzir a bola até o outro lado da quadra, de maneira que o pegador não os toque. Se o aluno for pego, troca-se o pegador.

Passe ao túnel

Os alunos formam duplas, sendo que um fica de frente para o outro a uma distância de 5 m. As duplas se colocam umas ao lado das outras, deixando sempre uma distância, dependendo do espaço utilizado na quadra e do número de duplas, que formam uma espécie de túnel. Em cada ponta desse túnel fica um aluno que faz um passe longo. Cada dupla de posse de uma bola troca passes curtos com o intuito de acertar a bola passada pelos dois alunos das pontas. A dupla que conseguir acertar na bola que cruza pelo túnel é a vencedora, tendo o direito de ir para as pontas do túnel para realizar o passe longo.

Condução dos trios

Os jogadores, em trios e de mãos dadas, com uma bola, devem percorrer todos os espaços da quadra, conduzindo-a e, por vezes, trocando passes entre si.

Realizando embaixadas no grupo

Os componentes são divididos em grupos de igual número. Cada equipe tem uma bola. Ao sinal, começam a trocar passes de maneira que a bola não tenha contato com o solo. A cada passe, os alunos contam em voz alta o número de passes que estão realizando. Vence o grupo que conseguir realizar mais passes sem que a bola toque no solo.

Cabra-cega com passe

Os participantes ficam sentados em um grande círculo no meio do campo, e, no centro, fica a cabra-cega com uma bola. O professor venda os olhos do aluno do centro e pede que ele gire algumas vezes para perder a noção do espaço. Ele recebe uma bola para que tente acertar um dos alunos sentados no círculo. Se ele acertar um deles, este passa para o centro. Se a cabra-cega errar, terá de pagar uma prenda e, depois, escolher outro para substituí-la.

Condução com a matemática

Os alunos são divididos em duplas, e cada uma terá uma bola. Um dos componentes irá conduzi-la, e o outro irá correr de costas dando a direção ao deslocamento que deverá ser feito. Ao mesmo tempo, o aluno sem a bola levanta as mãos mostrando os dedos, e o colega que a está conduzindo terá de somar o número dos dedos das duas mãos levantadas pelo colega sem bola. Pode-se somar, subtrair, etc.

Expressão de carinho

Os alunos são divididos em duas colunas, uma de frente para a outra. Os primeiros alunos de cada coluna conduzem a bola, um em direção ao outro, cumprimentam-se com as mãos em sinal de carinho, trocam de bola e seguem o deslocamento. Os que ficarem de posse da bola realizam a mesma atividade, procurando variar as formas de expressar o carinho pelo colega.

Equilíbrio e condução

Os alunos conduzem a bola de forma livre, equilibrando um saquinho de areia na cabeça.

Passe e amizade

Os alunos são posicionados em círculo de testa. O aluno que está de posse de bola inicia a brincadeira passando-a a qualquer colega do círculo, afirmando "amo meu colega com 'a' porque é atencioso". O próximo seguindo a ordem alfabética passa a bola a outro colega e diz: "amo meu colega com 'b' porque ele é bonito". Assim sucessivamente, fazendo todos participarem.

Condução ao redor do grupo

Formam-se dois grupos de cinco ou seis alunos sentados no chão, com uma bola entre os pés, cada um com um número. O professor diz um número, e os alunos correspondentes conduzem a bola ao redor do seu grupo e sentam em seus lugares. Ganha um ponto quem sentar primeiro.

Cabeça no paredão

Duas colunas ficam de frente para um paredão. O aluno de uma delas joga com as mãos uma bola de vôlei na parede, para que o primeiro aluno da coluna ao lado cabeceie novamente em direção à parede, possibilitando a defesa com as mãos. Após o cabeceio e depois de lançar a bola na parede, os alunos trocam de colunas.

ATIVIDADES COM MATERIAL ALTERNATIVO ENFATIZANDO A TÉCNICA ASSOCIADA À CAPACIDADE MOTORA

O que nos foi ensinado na universidade muitas vezes não traduz a realidade escolar que a maioria dos professores enfrenta. Muitas escolas têm uma ou duas bolas de futsal, uma quadra de cimento, às vezes sem traves de meta, não possuem cones para o trabalho técnico e tampouco possuem jalecos para serem distribuídos no momento do jogo. O material alternativo pode auxiliar na aula de futsal e, principalmente, possibilitar que os alunos participem efetivamente na organização das atividades. Por exemplo, pode-se pedir que as crianças tragam de casa meias e jornais para que sejam confeccionadas bolas de meia. Essas bolas, em um segundo momento, poderão ser utilizadas durante a aula de futsal. Outro exemplo é solicitar aos alunos que tragam garrafas plásticas e cones de lã a fim de que sejam usados como obstáculos no trabalho técnico de condução, finta e drible. A seguir, são apresentadas várias atividades com materiais alternativos que poderão tornar a aula de futsal muito mais atrativa.

Atividades com colchão

Atividade 1 – Um aluno de cada vez irá lançar a bola com as mãos ao professor, se deslocará da sua coluna, realizará um rolamento no colchão e cabeceará a bola de vôlei que foi lançada de volta em direção ao gol.

Atividade 2 – São formadas duas colunas, uma de frente para a outra e separadas por um colchão. O primeiro aluno de posse da bola realizará um passe com o pé ao primeiro colega posicionado na outra coluna, fará um rolamento e se posicionará atrás da coluna na qual fez o passe. O colega que recebeu a bola repetirá o exercício, e assim sucessivamente.

Atividade 3 – Uma coluna posicionada na linha central da quadra com um colchão na frente. O primeiro aluno realizará um passe com os pés ao professor, saltará por cima do colchão sem tocá-lo e, após receber a bola de volta, deverá chutar ao gol.

Atividade 4 – Uma coluna posicionada no meio da quadra com um colchão na frente. O primeiro aluno realizará um passe com os pés ao professor, rolará no colchão da forma que desejar e, após receber a bola de volta, deverá chutar ao gol.

Atividade 5 – Uma coluna posicionada no meio da quadra com um colchão à frente. O primeiro aluno realizará um passe com os pés para o professor, que estará na frente do colchão, se posicionará em decúbito dorsal, fará três abdominais e irá de encontro à bola que foi lançada a fim de chutá-la ao gol.

Atividades com bola de meia

Atividade 1 – Pendurar uma bola grande, de meia, suspensa por uma corda. Os alunos irão deslocar-se da sua coluna, a fim de cabecear a bola de meia. Haverá certa dificuldade para realizar a técnica do cabeceio, pois a bola estará em movimento. O local mais indicado para pendurá-la é no arco da cesta de basquete.

Atividade 2 – Duas colunas são posicionadas lado a lado, sendo que os primeiros alunos estarão com uma bola de meia. De forma alternada, eles se deslocarão segurando a bola de meia com as mãos, sendo que, quando se aproximar do local determinado pelo professor, será feito um chute de voleio ao gol.

Atividade 3 – Os grupos serão divididos em duas equipes. Cada equipe estará com um número igual de bolas de meia. Ao sinal do professor, as equipes deverão lançar com o pé as que estão em sua meia-quadra. Ao final do tempo estipulado, a equipe que tiver mais bolas em sua meia-quadra perde o jogo.

Atividade 4 – Cada dupla com uma bola de meia deverá deslocar-se pela quadra. Um dos alunos lançará a bola para seu colega cabeceá-la de volta. Ao sinal do professor, trocarão as funções.

Atividade 5 – Jogo com quadra reduzida em meia-quadra, utilizando a bola de meia e traves de meta marcadas com duas garrafas plásticas contendo água. O professor irá realizar duas partidas simultaneamente. Poderá fazer um minitorneio de todos contra todos.

Atividades com arcos

Atividade 1 – Um aluno de cada vez passa a bola ao professor, realizando saltos com os dois pés juntos nos cinco arcos que estarão alinhados à sua frente, e a bola deverá ser devolvida para que ele chute ao gol.

Atividade 2 – São formadas duas colunas, uma de frente para a outra e separadas por quatro arcos. O primeiro aluno com a posse de bola realizará um passe com o pé ao colega posicionado na outra coluna, fará os saltos utilizando ora a perna direita, ora a perna esquerda, e se posicionará atrás da coluna na qual fez o passe. O colega que recebeu a bola repetirá o exercício, e assim sucessivamente.

Atividade 3 – Alunos em duplas: um com a bola, e outro na frente de um arco. O colega de posse da bola lançará com as mãos ao outro jogador que dominará a bola dentro do arco sem perder o seu controle.

Atividade 4 – Os alunos agrupados em trios, sendo que o do centro ficará com um arco erguido no alto entre os outros dois colegas. O aluno de posse da bola lançará com as mãos, por cima do arco, para que o outro participante consiga devolvê-la de cabeça por dentro do arco. Para evitar o cansaço, deverá haver um revezamento constante na posição do centro.

Atividade 5 – Uma fila fica posicionada no meio da quadra. O primeiro aluno realizará um passe com os pés ao professor, posicionado à frente da área, e irá de encontro à bola que foi devolvida pelo professor, a fim de chutá-la dentro dos arcos que estão pendurados no gol.

Material alternativo – jornal

Atividade 1 – Cada aluno, com uma folha de jornal, confecciona um chapéu de papel. Dividir a turma em colunas, de acordo com o número de bolas disponível. O aluno deverá conduzir a bola evitando olhá-la a fim de não deixar o chapéu cair da cabeça, com o olhar sempre direcionado para a frente.

Atividade 2 – Cada aluno, com uma folha de jornal, faz um buraco por onde passe apenas a cabeça, o jornal funcionará como um grande babeiro, dificultando que o aluno visualize a bola. Dividir a turma em colunas, de acordo com o número de bolas disponível. O aluno deverá conduzir a bola pela maior distância possível sem perder o contato com a bola e sem olhar para ela.

Atividade 3 – Cada aluno posicionado em cima de uma folha de jornal aberta no chão, sem a bola. O limite dos movimentos é o espaço da própria folha. O aluno receberá um passe do professor e deverá executar a recepção com a sola do pé sem sair de cima da folha de jornal. Após a recepção, escolherá outro colega para passar a bola. Aumentar o grau de dificuldade fazendo os alunos receberem a bola com outras partes do corpo.

Atividade 4 – Prender algumas folhas de jornal com um cordão na trave, amarrando as quatro pontas do jornal. Formar uma ou duas colunas, de acordo com o número de bolas disponível, em uma distância de mais ou menos 10 m. Os alunos, executando o fundamento do chute, tentarão acertar a folha de jornal.

Atividade 5 – Confeccionar uma bola de papel do tamanho de uma bola oficial. Dividir a turma em duas equipes. O jogo ocorrerá utilizando as mãos, sem goleiros, e o gol só será validado de cabeça e dentro da área.

Material alternativo – cabo de vassoura

Atividade 1 – Utilizar cabos de vassoura de mais ou menos 1,5 m e latas, tijolos ou garrafas plásticas de mais ou menos 20 cm. Colocar o cabo sobre as latas, criando uma barreira sob a qual a bola possa passar. Formar quatro barreiras com uma distância de 2 a 3 m cada. Os alunos terão de conduzir a bola até as barreiras, fazer a bola passar ao lado da barreira enquanto eles a pulam, voltando a conduzir para depois chutar a gol.

Atividade 2 – Usar cabos de vassoura de mais ou menos 1,5 m e latas, tijolos ou garrafas plásticas de aproximadamente 20 cm. Colocar o cabo sobre as latas, criando uma barreira sob a qual a bola possa passar. Formar quatro barreiras com uma distância de 2 a 3 m cada. Os alunos terão de conduzir a bola até as barreiras, fazer a bola passar por baixo delas e eles por cima sem cair sobre a bola. Após passar pelos obstáculos, chutar a gol.

Atividade 3 – Utilizar cabos de vassoura de mais ou menos 1,5 m e latas, tijolos ou garrafas plástica de aproximadamente 20 cm. Colocar o cabo sobre as latas, criando uma barreira sob a qual a bola possa passar. Formar algumas barreiras com uma distância de 2 a 3 m cada. Os alunos serão divididos em duas colunas, frente a frente e separados pela barreira em uma distância de 7 a 8 m. O aluno deverá executar o passe rasteiro por baixo da barreira na direção do companheiro do lado oposto, que recebe a bola com a sola do pé e passará para o próximo da fila oposta. Após a execução do exercício, o aluno se deslocará para o fim da coluna.

Atividade 4 – Com os cabos de vassoura dispostos no chão em forma de túnel, em uma distância lateral de 1 m entre eles e mais ou menos 6 m de comprimento, os alunos deverão conduzir a bola entre os cabos sem deixá-la tocar neles, limitando a área de execução do movimento.

Atividade 5 – Confeccionar uma bola de meia e dar a cada aluno um cabo de vassoura (taco). Organizar um jogo semelhante ao jogo de polo, em que os alunos só poderão tocar na bola com os "tacos", tentando fazer a bola en-

trar no gol. Esse jogo não necessita de goleiro, contudo, deve-se ter cuidado com os tacos e os adversários.

Material alternativo – corda

Atividade 1 – Uma corda de 3 m de comprimento fica amarrada na trave, de lado a lado, em uma altura de 40 cm do chão. Execução: dividir a turma em duas colunas, disputando entre si qual a coluna mais eficiente no fundamento do passe. Em uma distância de 10 a 12 m, o aluno deverá executar o passe rasteiro tendo que acertar o gol por baixo da corda.

Atividade 2 – Uma corda de 3 m de comprimento fica amarrada na trave, de lado a lado, em uma altura de 1,5 cm do chão. Execução: dividir a turma em uma, duas ou mais colunas (conforme o número de bolas) disputando entre si qual a coluna mais eficiente no fundamento do chute. Em uma distância de 10 a 12 m, o aluno deverá executar o chute tendo como objetivo acertar no gol por cima da corda. Aumentar o grau de dificuldade utilizando o goleiro.

Atividade 3 – Confeccionar uma bola de tamanho oficial com papel jornal e amarrá-la com uma corda no travessão da trave, em uma altura condizente com a altura dos alunos praticantes. Execução: o aluno tentará o cabeceio durante 1 minuto, objetivando conseguir o maior número de cabeceios nesse espaço de tempo.

Atividade 4 – Utilizar uma corda com a mesma largura da quadra e amarrar no centro da quadra em uma altura de 3 m. Execução: formar colunas nos dois lados da quadra, próximo da grande área e fora da área. Os participantes receberão a bola do goleiro e terão de transferi-la por cima da corda que está no centro da quadra, fazendo com que caia no lado defensivo da quadra adversária. Aumentar o grau de dificuldade tentando fazer a bola entrar no gol.

Atividade 5 – Utilizar um arco e uma corda, amarrando o arco no travessão da trave. Execução: dividir os alunos em colunas a uma distância de aproximadamente 10 m. Eles tentarão, por meio do fundamento do chute, acertar o centro do arco.

Material alternativo – garrafa plástica

Atividade 1 – Utilizar garrafas plásticas (PET) tampadas, com um pouco de areia dentro. Execução: distribuir na quadra de futsal o maior número possível de garrafas de forma aleatória, separadas entre si pela distância de mais ou menos 1,5 m. O aluno deverá conduzir a bola entre as garrafas sem tocá-las.

Atividade 2 – Utilizar garrafas plásticas (PET) tampadas, com um pouco de areia dentro. Execução: distribuir na quadra de futsal cinco ou seis garrafas alinhadas e separadas entre si por uma distância de 1,5 a 2 m. Os alunos farão zigue-zague conduzindo a bola entre as garrafas, finalizando com um chute a gol.

Atividade 3 – Utilizar duas garrafas plásticas separadas a uma distância de 1 a 1,5 m. Execução: duas colunas frente a frente, tendo entre elas as duas garrafas. Os alunos deverão trocar passes, objetivando que a bola passe entre as garrafas sem tocá-las.

Atividade 4 – Utilizar várias garrafas plásticas distribuídas sobre a linha de fundo. Execução: imitando o jogo de boliche, tentar utilizar o fundamento do passe para derrubar o maior número de garrafas possível. Os alunos ficarão no centro da quadra, e, ao sinal do professor, um de cada vez, ou dois a dois, executarão o exercício. Ao final de um tempo determinado, quem tiver derrubado mais garrafas será o vencedor.

Atividade 5 – Em um espaço menor, como a quadra de voleibol, colocar as garrafas como traves separadas com uma distância de 1 m, sem goleiro. Executar o jogo propriamente dito, limitando o número de toques na bola por aluno.

Material alternativo – giz

Atividade 1 – Traçar com giz duas linhas paralelas no chão, em uma distância de aproximadamente 8 m. Os alunos passarão entre as linhas com a bola conduzida a fim de não ultrapassar esse limite.

Atividade 2 – Em duplas: um aluno com um giz na mão, e outro com a bola no pé. O primeiro sairá na frente, riscando o chão em diferentes direções de uma trave de gol à outra. O segundo tentará conduzir a bola em cima da linha ou o mais próximo possível. Quando chegarem no final da quadra, trocarão de material.

Atividade 3 – Marcar sobre a quadra de voleibol, em ordem crescente, números de 1 a 20, ou conforme o número de alunos praticantes, sendo que os números ímpares deverão ficar sobre uma lateral da quadra; e os pares, sobre a outra. Cada aluno ficará sobre um dos números dispostos nas laterais da quadra de voleibol, e somente o número 1 ficará com uma bola de futsal. Ao sinal do professor, deverá passá-la para o número seguinte, e assim por diante. Aumentar o grau de dificuldade utilizando duas bolas ou mais.

Atividade 4 – A mesma formação anterior, só que a numeração não será mais em ordem crescente, os números serão dispostos de forma aleatória, e os alunos terão de receber a bola com uma perna e passá-la com a outra.

Atividade 5 – Formar dois círculos de giz no chão: um grande, com capacidade para dez alunos, e um menor, no centro, para apenas um aluno. Uma bola ficará na mão de um dos alunos do círculo de fora, que a passará alta em direção ao aluno que está dentro do círculo pequeno, no centro do círculo grande, o qual tentará dominá-la utilizando o peito, a coxa ou o pé. Assim que a tiver sob seu domínio, passará para qualquer outro componente do círculo grande e tomará o lugar do aluno que lhe passou a bola. Este, por sua vez, passará para dentro do círculo pequeno a fim de receber a bola de quem estiver com ela.

JOGOS CONDICIONADOS

São jogos de regras simplificadas ou modificadas, em que podem ser alterados o tipo de bola, o número de jogadores, as traves, as dimensões da quadra ou, até mesmo, enfatizar algum componente da técnica ou da tática. O objetivo desses jogos é promover a compreensão dos componentes do jogo pela prática de situações reais.

Criam-se alternativas em que a finalidade é repetir essas circunstâncias por diversas vezes. Nesse modelo, o aluno/atleta executa e aprende os objetivos propostos, mas também pratica o desporto futsal e suas relações, ou seja, ataque, defesa, fundamentos técnicos, regras... (BALZANO, 2007).

Segundo Garganta (1995), são jogos voltados para o todo, nos quais as relações das partes são fundamentais para a compreensão da atividade, facilitando o processo de aprendizagem da técnica. As ações técnicas são desenvolvidas com base nas ações táticas, de forma orientada e provocada.

Conforme a lógica dessa proposta, para ensinar qualquer jogo desportivo coletivo, o processo deve estar centrado nos jogos condicionados, em que, a partir do jogo, parte-se para as situações particulares. O jogo é decomposto em unidades funcionais (e não em movimentos técnicos) e seu desenvolvimento ocorre de forma sistemática e com complexidade crescente.

Tem-se, como consequência dessa proposta, o aparecimento das técnicas em função da tática (ação desencadeada em função da lógica do jogo) de forma orientada e provocada (pelas situações de jogos) e também o surgimento da inteligência tática, que nada mais é do que a correta interpretação e aplicação dos princípios do jogo, por meio da viabilização criativa da técnica nas ações do jogo.

Ora, nos jogos desportivos coletivos, o problema fundamental apresentado ao jogador é essencialmente tático. Trata-se de resolver as situações-problema que ocorrem durante o jogo.

Essa prática tem as seguintes vantagens: proporciona um aprendizado prazeroso, inteligente e eficaz; serve para o aquecimento ao treino ou à aula; aprendizado do jogo através de situações reais; trabalha o coletivo; desenvolve a parte coordenativa; estimula a tomada de decisão; favorece a leitura do jogo; estimula a visão periférica; estimula o cognitivo; desenvolve a técnica individual; desenvolve os aspectos táticos; desenvolve a capacidade técnica e tática de forma simultânea e estimula o espírito competitivo.

Futsal com o pé ruim

Amarra-se uma fita na perna em que o jogador tem mais dificuldade de controlar a bola.

Objetivos: estimular que o jogador trabalhe também com a perna não dominante. Servir de incentivo para que mais tarde ele realize um trabalho em separado de aprimoramento. Automatizar o gesto técnico. Criar confiança para que, se acontecer uma situação no jogo, ele a realize.

Na área vale gol

Serão divididas duas equipes com o mesmo número de participantes. Uma das equipes coloca-se em torno da linha da área. A outra equipe terá cada aluno com uma bola. Esses alunos ficarão espalhados perto da linha do tiro livre dos 12 metros. Ao sinal dado pelo professor, a equipe que está com as bolas irá em direção ao adversário, tendo de driblá-lo, entrar na área e tentar marcar o maior número de gols possível. Não haverá goleiro. As bolas chutadas para fora ou que entrarem em gol não poderão entrar novamente em jogo. A equipe que estava na marcação passa a atacar, e a que estava atacando passa a defender. Ganha a equipe que marcar mais gols.

Objetivos: propiciar situações de ataque x defesa, promover o drible e a marcação e estimular ações estratégicas tanto de ataque como de defesa.

Touch down

Em campo reduzido e sem traves, são formadas duas equipes de cinco ou seis alunos. As equipes devem levar a bola até a linha de fundo do adversário. Para marcar ponto, o aluno deve chegar à linha conduzindo a bola.

Objetivos: propiciar situações de ataque x defesa e situações que promovam a condução de bola em velocidade.

Jogo de 3 x 1

Os alunos são divididos em trios. Na frente da área, protegendo o goleiro, fica um marcador. Ao sinal, os trios trocam passes com as mãos em direção ao gol, de maneira que o marcador não os intercepte. Para concluir a gol, só vale de cabeça.
    Objetivos: estimular o passe, as linhas de passe, as estratégias coletivas, a marcação e o cabeceio.

Minifutsal com bolinha de tênis

São formadas duas equipes. A quadra tem suas dimensões reduzidas. No lugar das traves, são adaptados dois cones. A bolinha deve ser de tênis, pois exige maior controle de bola.
    Objetivos: estimular o domínio de bola dentro da própria realidade de jogo. Proporcionar a descontração e a alegria do grupo.

Jogo de dois contra dois com campo reduzido

São formadas duas equipes de dois jogadores cada, competindo em um espaço reduzido a ser definido pelo professor.

Objetivos: desenvolver situações de equilíbrio entre o número de jogadores de defesa e ataque. Estimular as jogadas individuais. Proporcionar um trabalho dinâmico e anaeróbico.

1 x 2

O jogo se realiza em meia-quadra. Há um goleiro fixo, dois jogadores de defesa e um atacante. O jogo consiste em o atacante realizar dribles sobre os defensores, fazendo gols. O jogador defensor que rouba a bola passa a ser o atacante, e o atacante anterior passa a ser defensor.
Objetivos: estimular situações de drible, marcação e cobertura, além de inúmeras defesas do goleiro.

Futsal com gancho

As regras são normais. Só que o passe tem de ser de gancho.
Objetivos: serve como aquecimento e estimula o passe de gancho, que é muito utilizado no futsal.

Os jogadores de defesa não podem passar para o ataque e nem os atacantes entrar na zona de defesa

Durante o jogo, os jogadores invertem suas funções.
Objetivos: desenvolver noções táticas e estimular a coletividade.
São divididas as tarefas de armação e marcação e de ataque.

Futsal aos pares

Os alunos formarão duas equipes. Cada equipe será dividida em duplas que ficarão de mãos dadas. O jogo terá as suas regras normais. As duplas não podem se soltar.

       Objetivos: serve como aquecimento. Estimula a sociabilização do grupo e aumenta o grau de dificuldade para o controle de bola.

Bola nas mãos e nos pés

Os alunos serão divididos em duas equipes. Durante o jogo, além da bola de futsal, cada equipe terá, em mãos, a posse de uma bola de vôlei (handebol).

O jogo transcorrerá normalmente, mas o aluno que tiver a bola de vôlei nas mãos não poderá receber a bola de futsal com os pés e nem desarmar o adversário. Para que esse aluno participe da jogada, ele deverá passar a bola de vôlei para outro colega de equipe. Dessa forma, além do jogo de futsal transcorrer normalmente, ao longo da partida todos serão obrigados a realizar passes com as mãos.

Objetivos: coordenação motora de membros superiores e inferiores. Raciocínio rápido e velocidade de reação. Estimular a criatividade.

5 x 5 com três estacas

Serão colocadas como traves três estacas (cones), uma em cada linha de fundo e uma no centro da quadra. O gol será marcado quando um aluno de uma das equipes acertar na estaca.

Objetivos: promover o aquecimento e a sociabilização. Estimular a coletividade.

Jogo com três traves

Duas equipes se enfrentam em meia-quadra de futsal, tendo uma equipe um gol para defender e dois gols para atacar. Já a equipe contrária terá dois gols para defender e um para atacar. O jogo é dividido em dois tempos, de modo a inverter as situações.
Objetivos: estimular ora mais a marcação, ora mais o ataque. Despertar a coletividade e possibilitar o trabalho tático.

Caranguejobol

O jogo será disputado com os jogadores na posição de caranguejo.
Objetivos: estimular a sociabilização e a integração do grupo. Promover o aquecimento e desenvolver os grupos musculares como um todo.

Jogo pelas laterais

Jogo em quadra polivalente. Não será realizado nenhum fundamento no espaço da quadra de vôlei. Esse espaço será permitido somente para deslocar-se. O jogo acontecerá pelas laterais da quadra.

     Objetivos: estimular uma situação tática de utilização das laterais da quadra. Propiciar o passe de gancho.

Jogo com traves viradas

Os alunos serão divididos em duas equipes. As traves serão deitadas sobre a linha da área com a cobertura direcionada para o fundo. O jogo não tem goleiro. O restante das regras se mantém.

     Objetivos: promover o aquecimento. Estimular a sociabilização do grupo. Proporcionar o raciocínio rápido.

Trave móvel

O jogo consiste em duas equipes com o mesmo número de alunos. Uma dupla de cada equipe carregará no ombro a ponta de um mesmo bastão com o comprimento em torno de dois metros, formando uma trave móvel. Cada dupla deverá deslocar-se livremente, visando beneficiar a marcação de gols por parte de seus companheiros e dificultando os gols dos adversários. A cada gol feito, as duplas poderão ser trocadas. Valerão gols feitos de ambos os lados da trave.

     Objetivos: desenvolver a visão de jogo e servir como aquecimento. Estimular a sociabilização e a coletividade do grupo.

Cubículo

Serão formadas duas equipes com o mesmo número de componentes. O jogo será executado valendo dois toques na bola, sem goleiro e com o gol válido somente dentro da área. Para que o gol seja válido, todos os jogadores da equipe deverão estar colocados na meia-quadra de ataque. Se algum jogador de defesa do adversário estiver na quadra de ataque no momento do gol, este valerá por dois.
    Objetivos: promover o aquecimento. Estimular o ataque e a defesa em bloco, a velocidade no jogo, com passes rápidos e precisos, e o deslocamento sem bola. Proporcionar a coletividade e o espírito de grupo.

Jogo com coringa

O jogo transcorrerá com as regras normais, porém, um aluno vestirá um jaleco de cor diferenciada dos demais. Sua única função será atacar, independentemente da equipe.
    Objetivos: proporcionar ao aluno coringa muitas situações de jogadas de ataque. Proporcionar condições de vantagem e desvantagem numérica a todo momento.

Futsal com vários tipos de bola

Divide-se a turma em duas equipes com o mesmo número de componentes. A cada cinco minutos, o professor troca o tipo de bola que está sendo usada no jogo. Exemplos: bola de meia, de tênis, de borracha, vôlei, futebol e futsal.
    Objetivos: propiciar o manuseio dos vários tipos de bolas. Estimular a coordenação motora.

Futsal com duas bolas

Divide-se a turma em duas equipes. O jogo acontece com as regras normais, só que com duas bolas ao mesmo tempo.

Objetivos: possibilitar a atenção, o espírito de grupo e a coletividade.

Jogo do passe com o pé direito e o pé esquerdo referente ao lado da quadra

Jogo de futsal normal, mas a quadra é dividida pela metade, na vertical. Utilizar a perna direita no lado esquerdo da quadra e a perna esquerda no lado direito.

Objetivos: desenvolver a aproximação, a atenção, a visão periférica, a noção de ataque/defesa, a coordenação motora, a noção espacial, a procura de espaços vazios e a velocidade de execução.

Jogo ao sinal do apito muda o tipo de passe

Jogo de futsal normal, mas o tipo de passe a ser feito deverá estar de acordo com o número de silvos que o professor executar. Ex.: um silvo, lado interno; dois silvos, gancho; três silvos, sola. Pode também criar tipos de passes e executá-los de acordo com o número de silvos.

Objetivos: desenvolver o passe, a finta, a recepção, o chute, os deslocamentos e a marcação. Estimular a aproximação, a atenção, a visão periférica, a noção de ataque/defesa, a coordenação motora, a procura de espaços vazios e a velocidade de execução.

Jogo do passe com o pé direito no ataque e com o pé esquerdo na defesa

Jogo de futsal normal, mas na quadra de defesa utilizar a perna direita, e na quadra de ataque, a perna esquerda. Variação: executar o jogo ao contrário.

Objetivos: desenvolver o passe, a finta, a recepção, o chute, a antecipação, os deslocamentos e a marcação. Estimular a aproximação, a atenção, a visão periférica, a noção de ataque/defesa, a coordenação motora, a noção espacial, a procura de espaços vazios e a velocidade de execução.

Jogo do número de toques na bola por função do jogador na quadra

Jogo de futsal normal, mas cada jogador tem um limite de toques na bola de acordo com sua função na quadra. Fixo, um toque; alas, dois toques; pivô, três toques; goleiro, livre.

Objetivos: desenvolver o passe, a recepção, a marcação, a antecipação e os deslocamentos. Estimular a aproximação, a atenção, a visão periférica, a percepção espacial, a noção de ataque/defesa, a procura de espaços vazios, a noção das funções no futsal e a velocidade de execução.

Jogo do passe e faz o exercício

Jogo de futsal normal, mas toda vez que o jogador realizar um passe, terá de sair da quadra, ir a um determinado local predefinido e realizar um exercício. A variação é poder utilizar mais jogadores.

Objetivos: estimular o passe, a desvantagem e a vantagem numérica, e a parte física.

Jogo do par e ímpar

Jogo de futsal com dez jogadores de cada lado e sem goleiro fixo. Só vale gol dentro da área. O jogo inicia com cinco jogadores em cada equipe e cinco jogadores sentados no chão da quadra. Os cinco iniciantes de cada equipe serão os pares, e os cinco sentados, os ímpares. O jogo inicia com os jogadores pares de cada equipe se enfrentando. Ao sinal do apito, todos os jogadores pares das duas equipes sentam no local onde se encontravam e os dez jogadores ímpares se levantam e seguem o jogo. Deve-se ressaltar que, no momento do apito, o jogador de posse de bola deverá deixá-la parada e sentar rapidamente. Outra informação importante é que os jogadores sentados não podem participar do jogo.

Objetivos: estimular a atenção, a velocidade de reação, a tomada de decisão, as situações de ataque e contra-ataque.

Ataque contra defesa

São divididas duas equipes. O jogo desenvolve-se na meia-quadra. Uma equipe só ataca e a outra só defende. Quando os que estão marcando roubarem a bola dos atacantes, deverão jogá-la para fora. O professor marca um tempo e inverte as funções das equipes.
  Objetivos: desenvolver noções táticas. Estimular a melhora de possíveis problemas na marcação ou no ataque.

Futsal com quatro goleiras

Cada equipe escolherá a sua goleira lateral e de fundo. As equipes podem fazer gols em duas goleiras e têm de defender as suas duas.
  Objetivos: propiciar a coletividade, a marcação e o ataque. Estimular a comunicação entre companheiros de equipe. Promover a distribuição dos atletas por setores. Desenvolver situações táticas. Proporcionar dinamismo de jogo, com inúmeras situações de ataque e defesa.

Jogo sem goleiro

***Variação 1: só vale gol dentro da área
e é livre o número de passes***

Objetivos: promover o aquecimento. Estimular a descontração do grupo. Trabalhar situações de gol próximas ao gol.

***Variação 2: só vale gol dentro da área
e só se pode dar dois toques na bola***

Objetivos: promover o aquecimento. Desenvolver a velocidade ao jogo, passes rápidos e precisos. Estimular a coletividade. Promover a habilidade e o controle de bola.

Variação 3: livre o número de toques e só vale gol de cabeça

Objetivos: serve para o aquecimento e descontração do grupo. Trabalham-se bastante as bolas erguidas, os ganchos, os lançamentos e os cabeceios.

Jogo somente com um toque na bola

Neste jogo, as regras são normais, contudo cada jogador poderá dar somente um toque na bola.
Objetivos: velocidade ao jogo. Passes rápidos e precisos. Roubar a bola já tendo que armar o jogo. Jogar sempre de cabeça erguida. Desenvolve a visão periférica. Aproximação para receber a bola.

JOGOS SITUACIONAIS COM APOIO E COM VANTAGEM E DESVANTAGEM NUMÉRICA

São jogos que potencializam a superioridade e a desvantagem numérica, podendo ter jogadores que fazem o papel de apoio para o passe. Esses jogos podem ocorrer em diferentes espaços, partes reduzidas da quadra, meia quadra ou na quadra inteira. Na realidade, estes jogos são fragmentos do jogo propriamente dito (jogo formal).

Vantagens: estimula o passe, as situações de drible e finta, o desmarcar-se/oferecer-se, o domínio/controle, desenvolve a visão de jogo/visão periférica, propicia a noção e a orientação espacial, promove a tomada de decisão/solução do problema/inteligência tática, promove o estímulo e a resposta, desenvolve a marcação/dobras de marcação.

| EQUIPE A |
| EQUIPE B |
| BOLA |
| CORINGA |
| CONES |

Nas figuras a seguir, os jogos são apresentados utilizando toda a dimensão da quadra. Contudo, é indicado que o professor utilize também espaços mais reduzidos, como meia-quadra, quadra de voleibol, entre outras possibilidades.

Campo de jogo com igualdade numérica 2x2

Variação 1

Nas laterais e nos fundos, apoio de ambas as equipes.

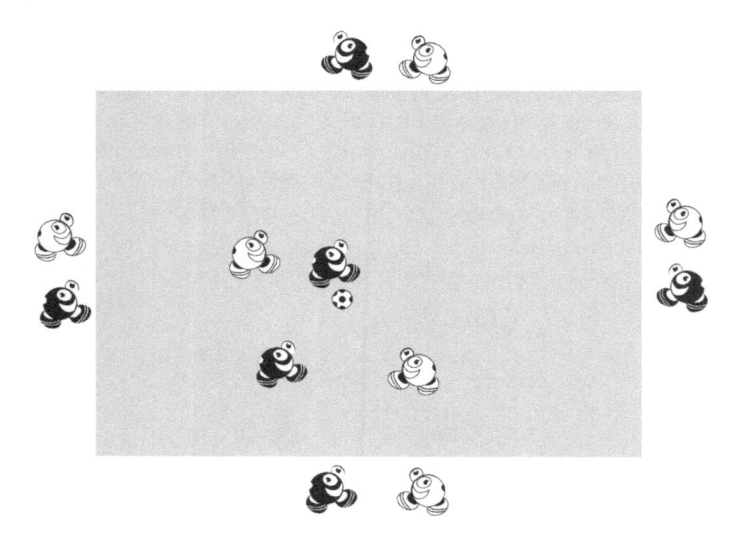

Variação 2

Dois atletas de uma equipe nas laterais do campo de jogo e dois atletas da outra equipe nos fundos da quadra como jogadores de apoio para o passe.

Variação 3

Dois atletas de uma equipe nas laterais do campo de jogo e dois atletas da outra equipe nos fundos da quadra como jogadores de apoio para o passe. Igual à atividade anterior, invertendo o posicionamento dos jogadores de apoio.

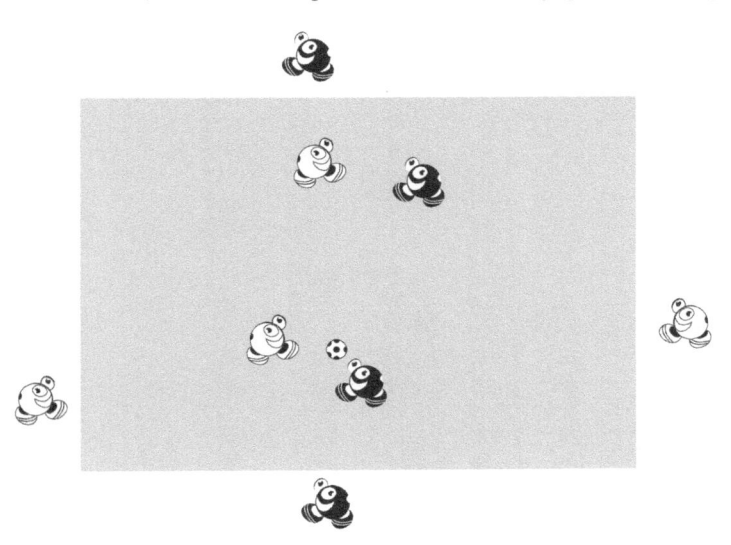

Variação 4

Um atleta de uma equipe na lateral do campo de jogo e o outro da mesma equipe nos fundos do campo de jogo. A outra equipe no mesmo posicionamento ocupando os outros lados que sobraram.

Variação 5

Os jogadores responsáveis pelo apoio fazem o papel de coringas servindo as duas equipes.

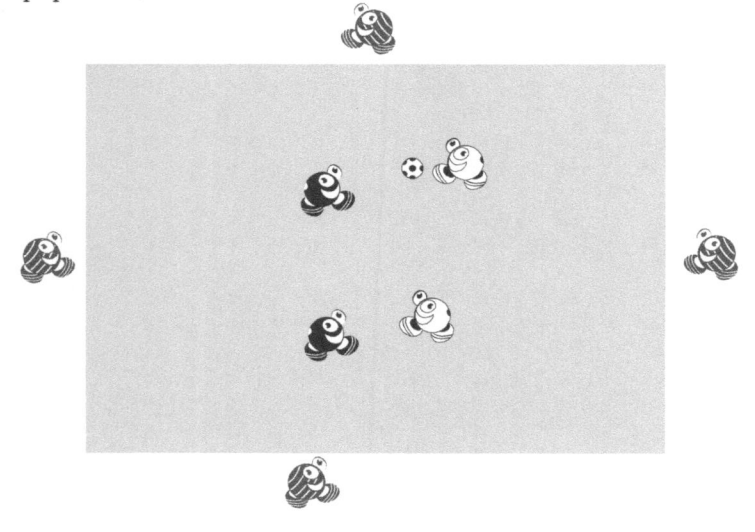

Variação 6

Uma equipe contra a outra. Cada vez que a bola for chutada e ultrapassar os cones, será contado um gol. Se errar o gol e ir para fora, ou bater no próprio cone, será marcado um gol contra.

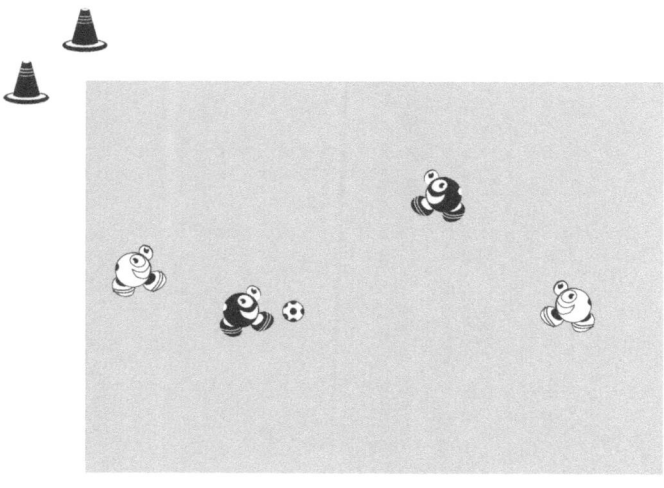

Variação 7

Dois contra dois em um espaço reduzido. Cada equipe deverá manter a posse da bola e fazer o gol por entre os cones. O número de toques é livre. De ambos os lados há jogadores de apoio que servirão de coringa.

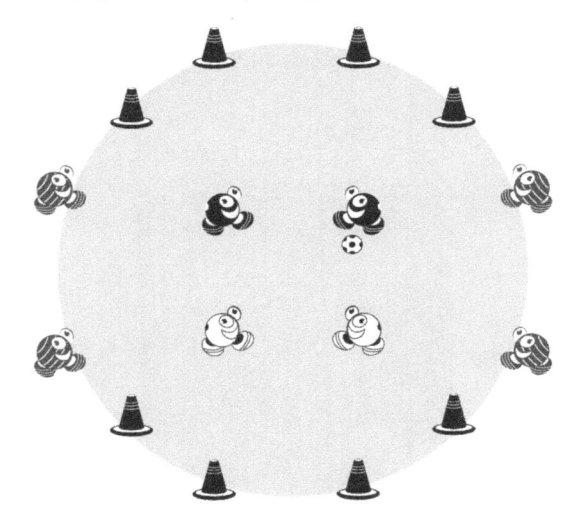

Variação 8

Dois contra dois em um espaço reduzido em formato de círculo. Os jogadores posicionados no círculo serão os coringas de apoio. Eles não poderão trocar passes entre si, somente com os jogadores que estão na quadra de jogo que no momento estavam com a posse de bola.

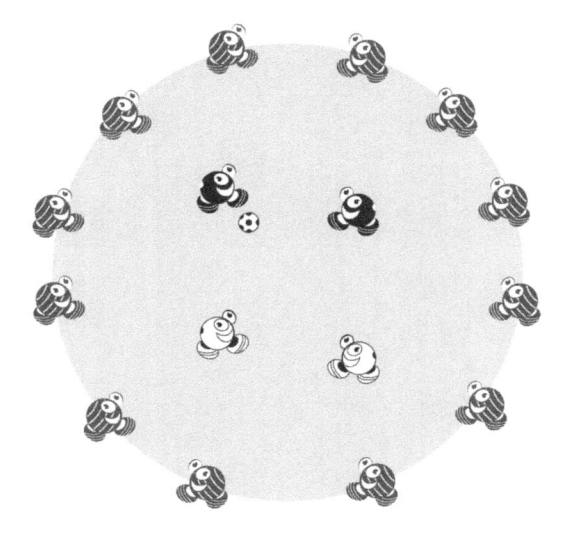

Campo de jogo com superioridade numérica 3x2

Variação 1

Um atleta de uma equipe na lateral do campo de jogo e o outro da mesma equipe no fundo do campo de jogo. A outra equipe no mesmo posicionamento ocupando os outros lados que sobraram.

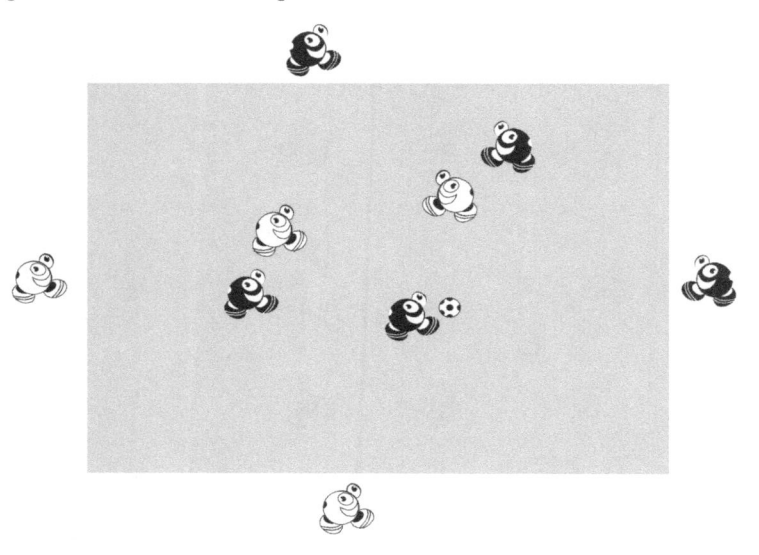

Variação 2

Três contra dois. Cada equipe deverá manter a posse da bola.

Campo de jogo com superioridade numérica 4x2

Todos os jogadores de apoio são da equipe com desvantagem numérica.

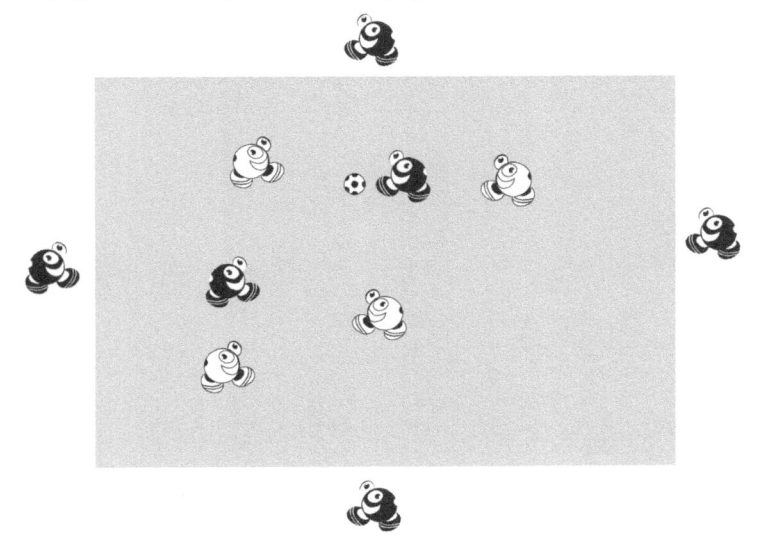

Campo de jogo com superioridade numérica 2x1

Variação 1

Um lado da quadra com vantagem numérica de uma equipe e do outro lado da quadra a vantagem numérica da outra equipe. Quem está de um lado da quadra não poderá se deslocar para o outro lado. Quando a bola estiver de um lado, os apoios serão os jogadores que estão do outro lado.

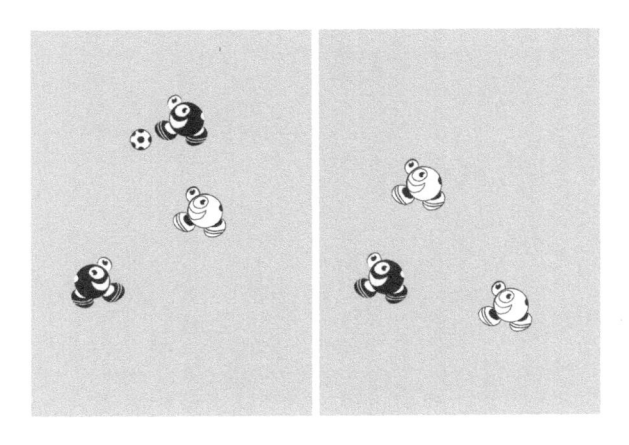

Variação 2

Um lado da quadra com vantagem numérica de uma equipe e do outro lado da quadra a vantagem numérica da outra equipe. Quem está de um lado da quadra não poderá se deslocar para o outro lado. Nesse jogo, os apoios ficarão nos fundos do campo servindo de apoio para quem está em desvantagem numérica.

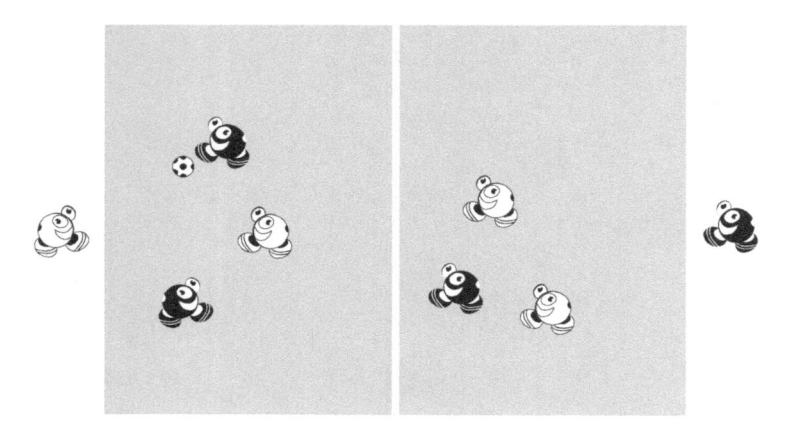

Campo de jogo com igualdade numérica 4x4

Quatro contra quatro em um espaço reduzido. Cada equipe deverá manter a posse da bola. Cada jogador poderá dar somente dois toques na bola, e no terceiro toque terá que passar para o colega. Um atleta de cada equipe será escolhido para ter o número de toques livre (será um bom apoio aos demais).

Campo de jogo com igualdade numérica 3x3

Uma equipe contra a outra. Cada vez que a bola ultrapassar os cones, será contado um gol.

Campo de jogo com superioridade numérica com o coringa

Variação 1

Dois contra dois em um espaço reduzido. Será incluído um jogador coringa de apoio. Ele ataca para as duas equipes.

Variação 2

Dois contra dois em um espaço reduzido. Será incluído um jogador coringa de apoio. Ele ataca para as duas equipes. Esse exercício contará com jogadores de apoio fora da quadra de jogo.

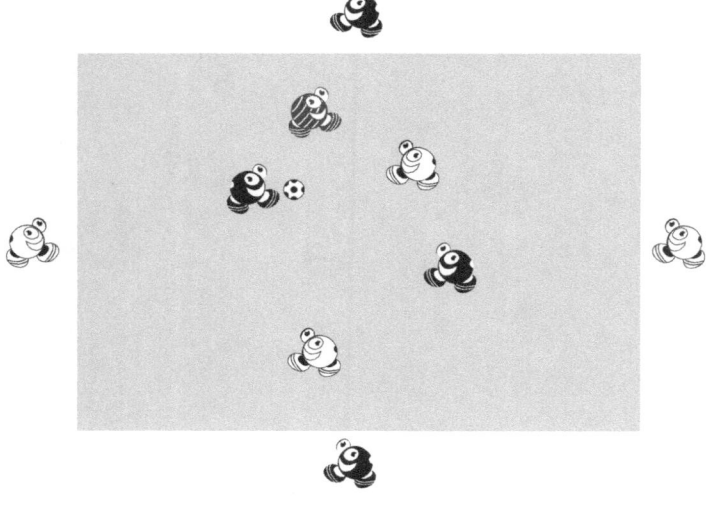

Variação 3

No jogo haverá um coringa que irá auxiliar o ataque das duas equipes. Três contra três em um espaço reduzido. Cada equipe deverá manter a posse da bola e fazer o gol por entre os cones. Cada jogador poderá dar somente dois toques na bola.

Campo de jogo com superioridade numérica com dois coringas

Um atleta de uma equipe na lateral do campo de jogo e os outros dois da mesma equipe nos fundos do campo de jogo. A outra equipe ocupando um dos lados que sobraram.

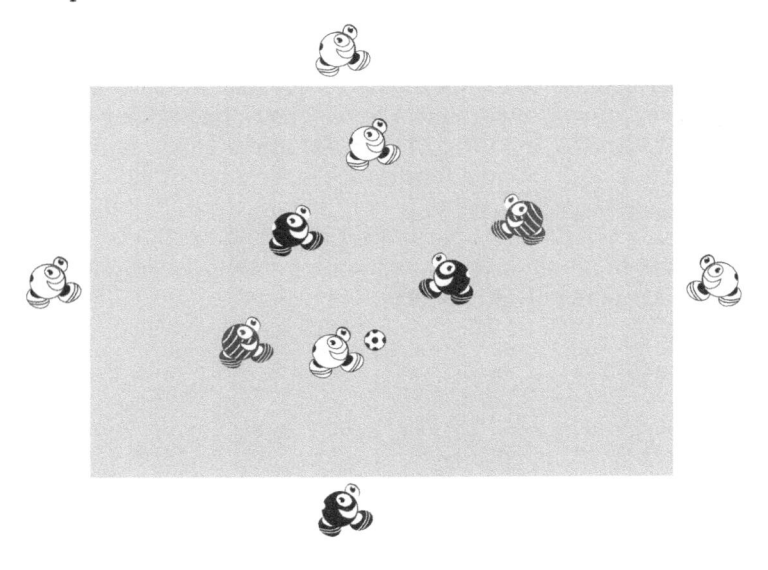

SUGESTÕES DE ATIVIDADES TÉCNICAS QUE ENCAMINHAM PARA O ENTENDIMENTO DAS MOVIMENTAÇÕES TÁTICAS

Paralela

Os alunos se posicionarão em duas colunas, próximas à linha divisória da quadra. O primeiro aluno da coluna "A" passará a bola para o primeiro da coluna "B", deslocando-se em uma diagonal curta. O aluno "B", após a recepção, realizará um passe paralelo à linha lateral, buscando o espaço vazio para a infiltração de "A" em novo deslocamento em busca da bola, a fim de realizar o chute ao gol. Como alternativa, tem-se a possibilidade de o aluno "A", em vez de chutar a bola, passar a bola, mesmo que de costas, para o seu colega "B" com o solado do pé para trás, objetivando então que o aluno "B" finalize. Chama-se de *paralela* em razão de a trajetória descrita pela bola, após o passe, ser paralela à linha lateral.

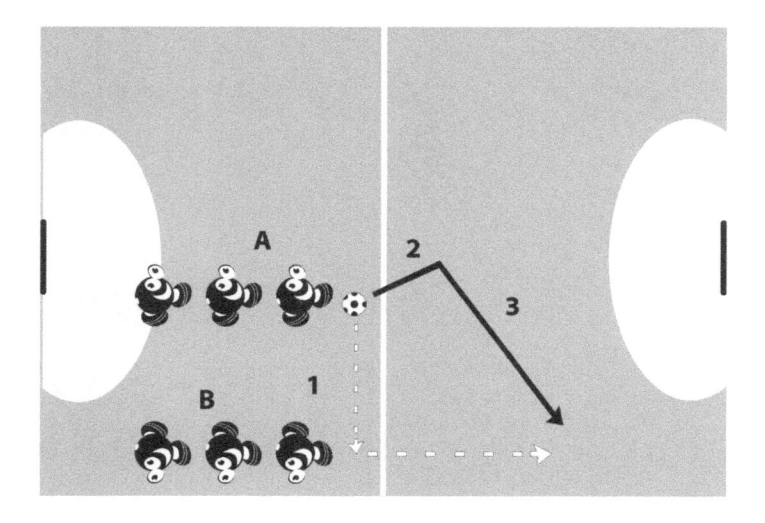

Diagonal

Na mesma posição do exercício anterior, sendo que o aluno "A", após passar a bola para "B", se deslocará em uma trajetória curta, insinuando um movimento em direção ao próprio "B", como se fosse tentar receber um passe na paralela, porém se deslocará em diagonal para o lado da quadra ofensiva, a fim de receber o passe do colega "B". Muitas vezes, esse passe deverá ser realizado em parabólica. Chama-se de *diagonal* porque a trajetória descrita pela bola após o passe, associada ao sentido de deslocamento do aluno, identifica uma manobra diagonal à linha lateral da quadra.

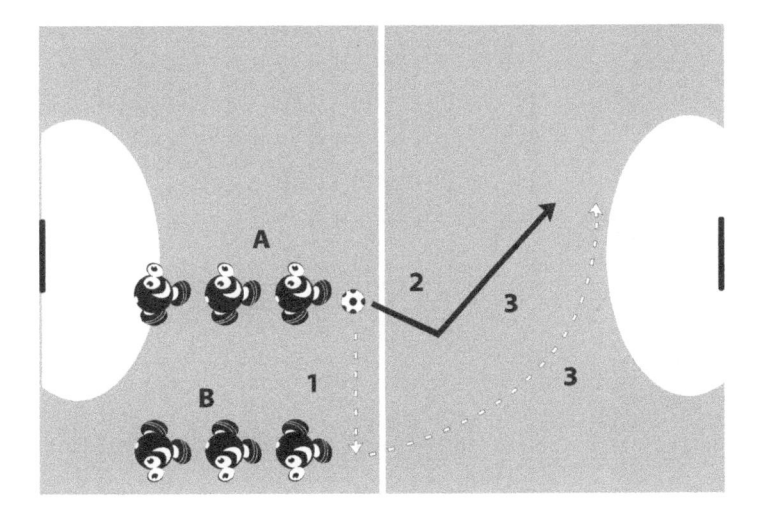

Oito pela frente e por trás

Formam-se três colunas no fundo da quadra. Os três primeiros de cada coluna trocarão passes em movimentos descrevendo um oito até o outro lado da quadra, quando um deles finalizará ao gol. Esse oito deverá ser realizado com deslocamentos para a ocupação do espaço após o passe feito, tanto passando por trás de quem recepcionou o passe como pela frente. Essa troca de posições entre três alunos é denominada "oito" em função de a trajetória percorrida se assemelhar à escrita desse número.

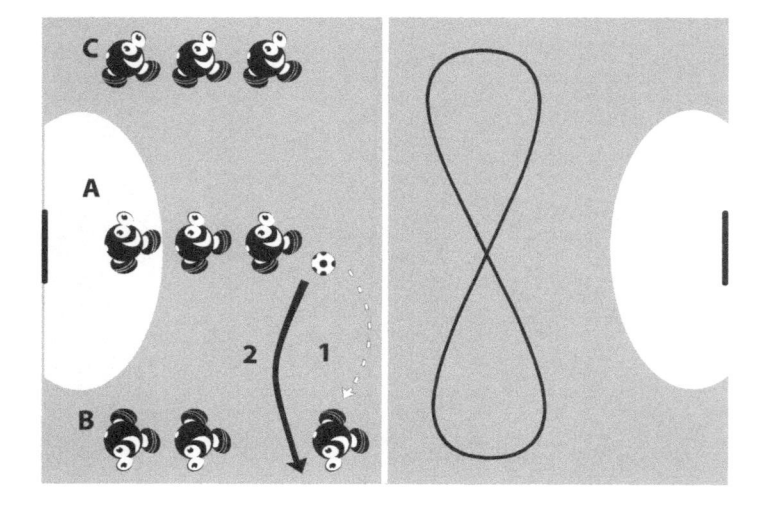

Oito pela frente e um por trás com o marcador

A mesma atividade anterior, porém, um aluno ficará como marcador na quadra defensiva, dificultando o passe e as trocas de posições. No momento de aproximação do marcador, os alunos terão a liberdade de criar situações para se desvencilharem da marcação e que possibilitem a finalização ao gol.

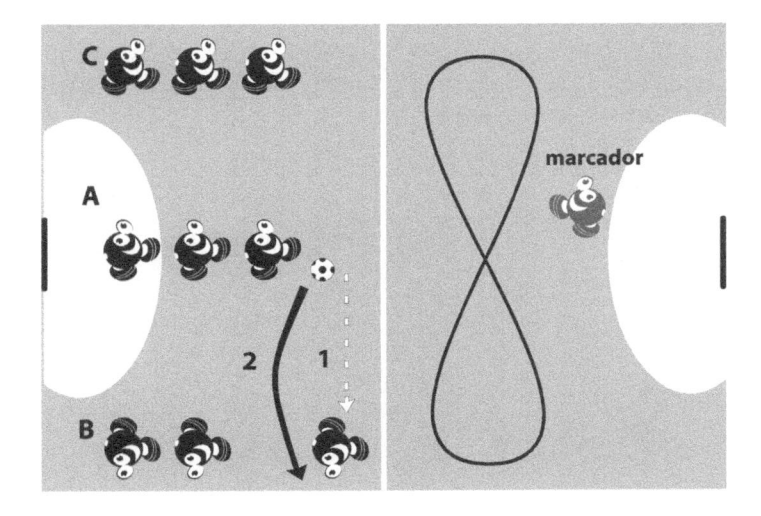

Meio do caminho

Os alunos se posicionarão em duas colunas próximas à linha divisória da quadra. O primeiro da coluna "A" passará a bola para o primeiro da coluna "B", deslocando-se em uma diagonal curta, voltando de imediato para ir de encontro ao colega "B", que recepcionou a bola. O aluno "B", após a recepção, realizará um passe no meio do caminho entre seu marcador (cone) e o marcador de "A" (cone). O aluno "A" irá de encontro à bola e realizará um passe de primeira ao pivô. Nesse momento, "A" e "B" se cruzarão em "X", sendo que "A", que fez o passe ao pivô, se deslocará na frente como primeira opção de chute da bola advinda do pivô. Essa jogada é denominada de *meio do caminho*.

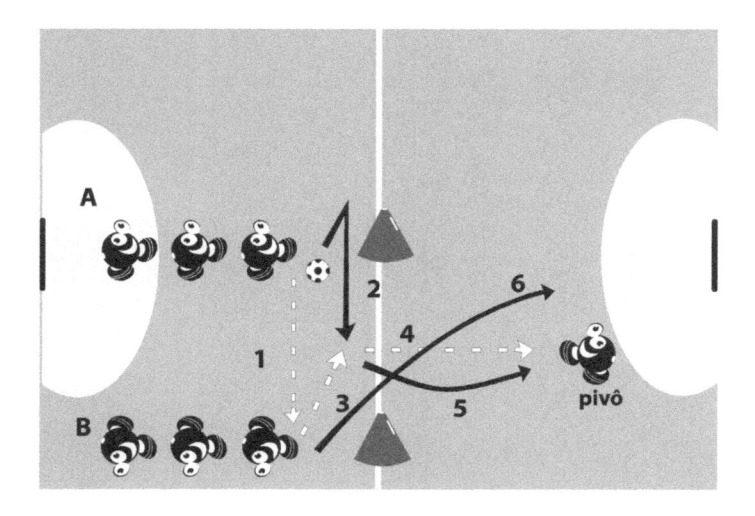

Bloqueio móvel para liberar ala

Os alunos se posicionarão em duas colunas próximas à linha divisória da quadra. O primeiro aluno da coluna "B" passará a bola para o primeiro da coluna "A", indo de imediato em direção ao marcador do "A" (cone) a fim de realizar um bloqueio móvel. O aluno "A" conduzirá a bola para o lado com o solado do pé, tendo em seguida duas opções: enviá-la ao pivô, indo de encontro para o chute, ou lançá-la de gancho (cobertura) para "B", que fez um bloqueio móvel e deslocou-se em diagonal.

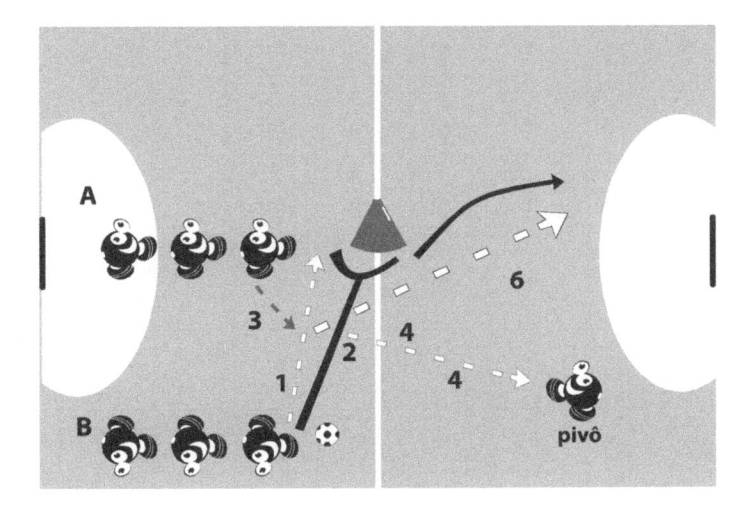

Gato – vai, vem e vai

Os alunos se posicionarão em duas colunas próximas à linha divisória da quadra. O primeiro aluno da coluna "B" passará a bola para o primeiro da coluna "A" e se deslocará em um pequeno espaço à frente como se fosse receber o passe. Mas, então, retornará ao ponto inicial do movimento para receber a bola de "A", devolvendo-a, e, aí sim, irá disparar em velocidade para a quadra ofensiva a fim de receber um passe por cobertura, finalizando com um chute a gol.

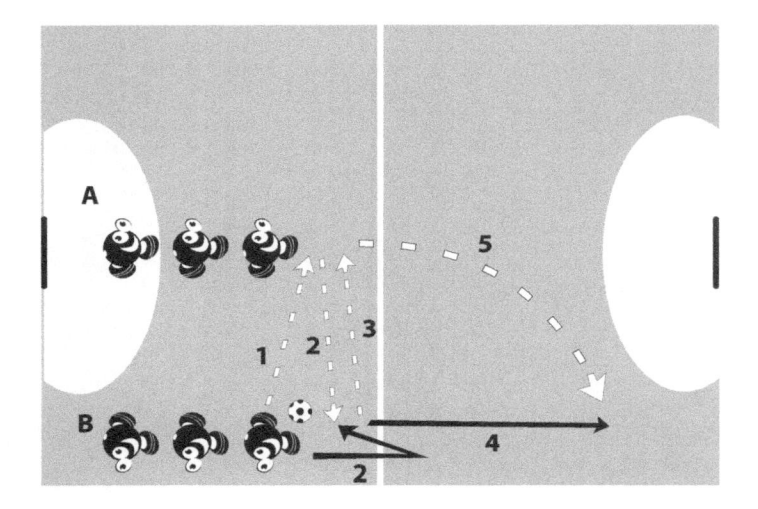

Sistema 2:2 com passes em lateral e paralelo

Quatro colunas ocupando cada vértice da quadra. O primeiro aluno da coluna "A" passará a bola para o primeiro da coluna "B" e se deslocará para o final da coluna de "B". O aluno "B", que recebeu a bola, realizará o mesmo com o da coluna "C", deslocando-se para o final da coluna, e assim sucessivamente. Estarão sendo estimulados os passes de média e longa distância e também os passes em lateral e paralelo. Essa formação se encaminha para o posicionamento 2:2 em caixote.

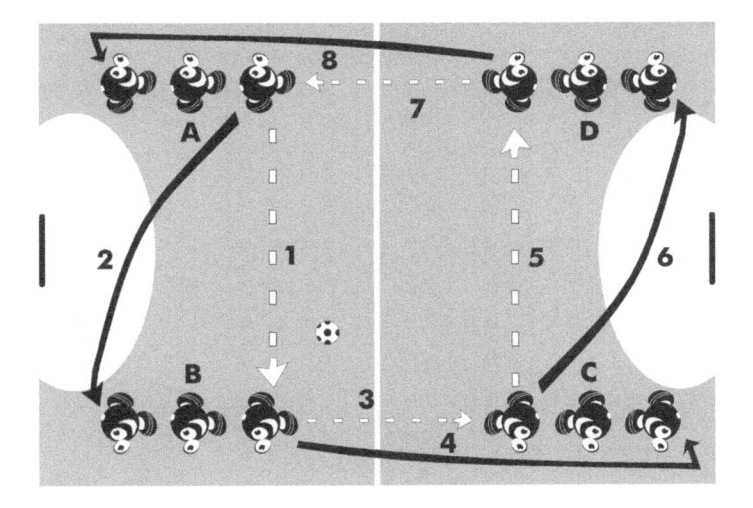

Sistema 4:0 com transição para o sistema 2:2

Quatro colunas na quadra de defesa, próximo à área de meta: duas colunas denominadas com a letra "A" e duas com a letra "B", de forma alternada. O goleiro, com a bola nas mãos, avisará "foi". Em seguida, os quatro primeiros das colunas se deslocarão em velocidade para a frente. Ao chegarem próximos à divisória do centro da quadra, o goleiro irá pronunciar em voz bem alta "A" ou "B". Se forem chamados os de letra "A", eles deverão voltar em direção ao goleiro para receber o lançamento, e os de letra "B" seguirão em corrida para o outro lado da quadra para se tornarem pivôs. Quando um dos jogadores de letra "A" receber a bola, entrará em jogo um marcador que estará no fundo da quadra de defesa para dificultar o ataque dos quatro alunos. Na realidade, será estimulada a transição do sistema 4:0 (quatro em linha) para o sistema 2:2, possibilitando aos participantes acostumarem-se ao deslocamento para receber a bola. Também serão propiciadas trocas de direção e situações de vantagem numérica.

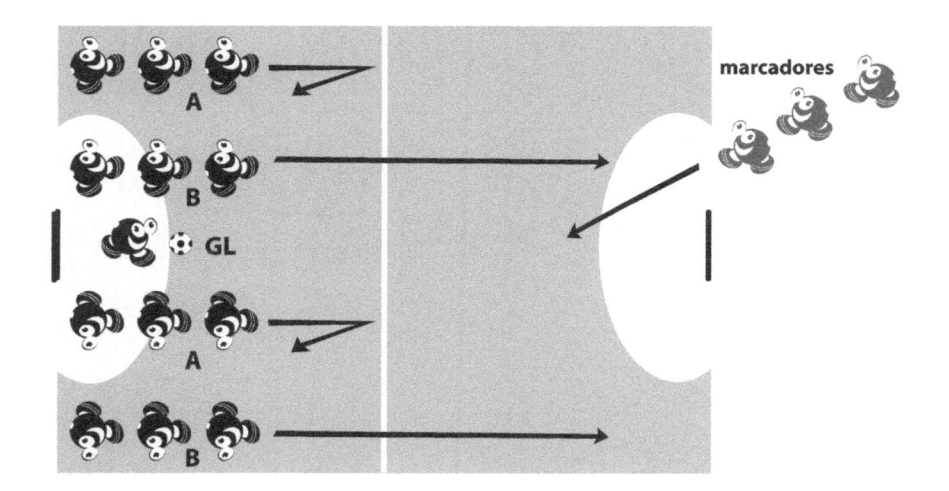

Troca pelo meio

Os alunos deverão se posicionar em duas colunas próximas à linha divisória da quadra. O primeiro da coluna "A" passará a bola para o primeiro da coluna "B", deslocando-se em direção ao marcador da coluna "C" que estará posicionado como pivô na quadra ofensiva, com o intuito de realizar um bloqueio móvel. Desse modo, ele irá liberar o primeiro da coluna "C" para receber um passe de "B", que em seguida devolve a bola numa tabela para que o próprio "B" progrida e chute a gol. No decorrer desta atividade, os participantes trocarão de colunas.

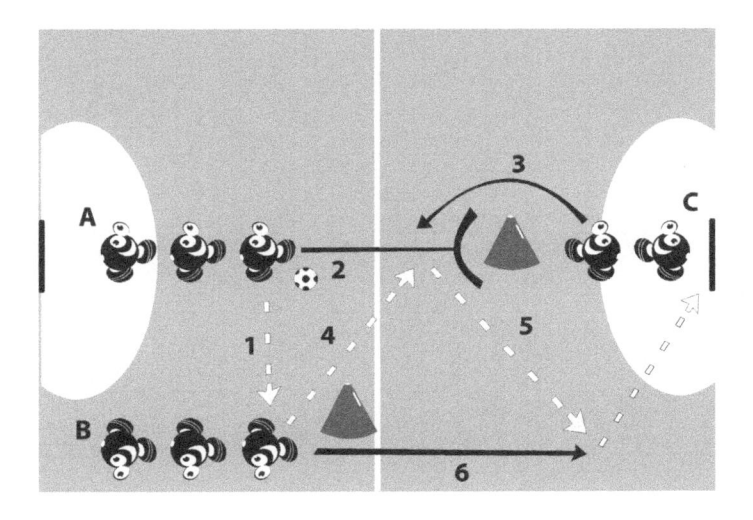

Troca pela ala

Os alunos se posicionarão em duas colunas próximas à linha divisória da quadra. O primeiro da coluna "B" passará a bola para o primeiro da coluna "A", deslocando-se em diagonal para a quadra ofensiva. O aluno "A", de posse da bola, lançará à frente para o aluno "C", que estará fazendo papel de pivô. O jogador "C" terá a possibilidade de lançar a bola de primeira no espaço vazio para "B", ou segurar a bola e esperar a subida de "A", que poderá vir de encontro à bola para a finalização.

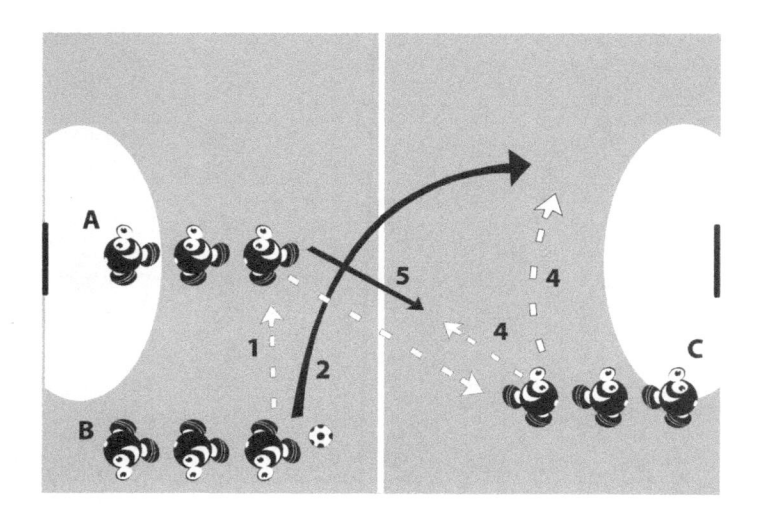

Lançada no fundo em diagonal oposta

Serão formadas três colunas no fundo da quadra. O aluno "A" passará a bola para "B", deslocando-se por trás dele em velocidade, e percorrerá uma trajetória paralela à linha lateral da quadra ofensiva. O participante "B", de posse da bola, passará para "C", que a lançará de primeira no fundo para que "A" finalize ao gol.

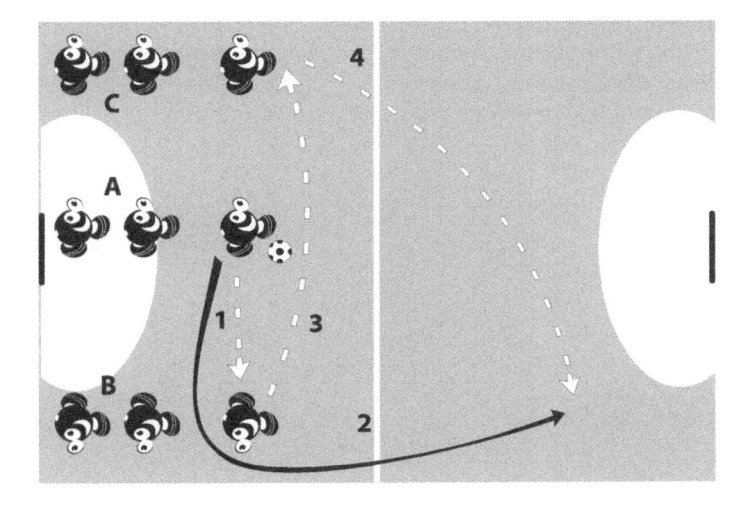

Lançada no fundo com retorno do pivô na tabela

Serão formadas três colunas no fundo da quadra. O participante "A" passará a bola para "B", se deslocará sem a bola pela sua frente em velocidade e fará uma movimentação paralela à linha lateral da quadra ofensiva. O aluno "B", de posse da bola, passará para "C", que dominará, esperará a chegada de "D", que estará fazendo o papel do pivô e virá ao seu encontro para receber um passe. "D", então, devolve a bola para que "C" lance de primeira ao fundo da quadra, para que "A" finalize ao gol. Para que esta movimentação complexa aconteça, deverá haver uma grande sincronia no tempo de realização dos movimentos. Se isso não ocorrer, provavelmente "A" chegará à frente muito antes que as trocas de passes ocorram, não acontecendo a sua investida com a devida surpresa nas costas de seu marcador.

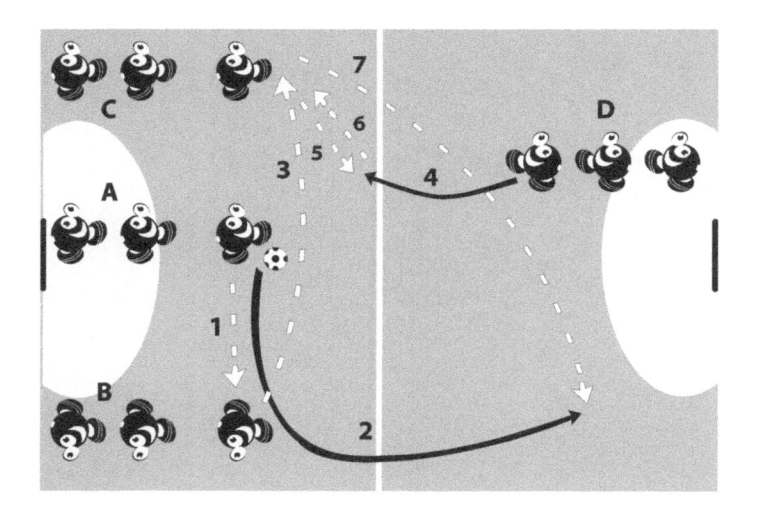

Contra-ataque iniciando com o goleiro

O goleiro rolará a bola com as mãos para o primeiro aluno da coluna "A", que fará um lançamento de primeira para as mãos do outro goleiro. Este, ao defender a bola, a lançará para fora da área e, com os pés, passará para o aluno que estiver se projetando em velocidade para a realização de um contra-ataque. O aluno "A", que fez o lançamento, avançará para a frente de sua área com a intenção de virar marcador. Ocorrerá então uma situação de vantagem numérica de dois contra um.

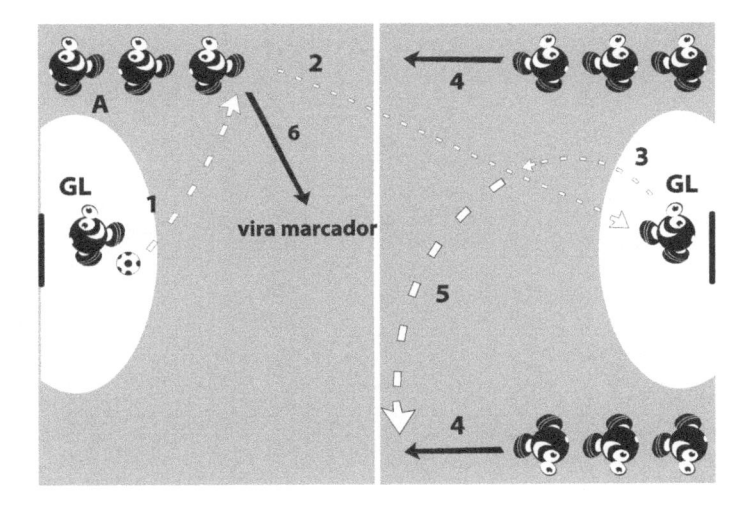

Contra-ataque 1 x 1

O goleiro lançará a bola com as mãos para o primeiro aluno de uma das colunas "A" ou "B", que estão de frente, no meio da quadra, em cada linha lateral. O aluno que receber a bola se deslocará com ela em direção ao gol, e o aluno da outra coluna se converterá em marcador, com o objetivo de dificultar a finalização ao gol.

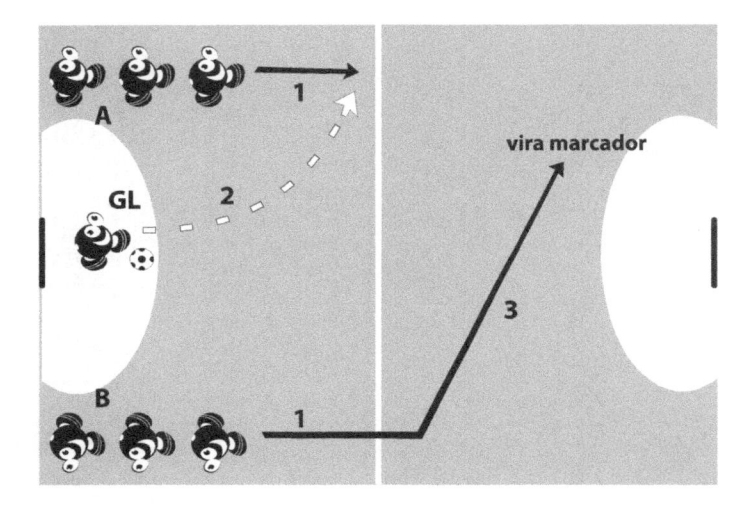

7
PLANEJAMENTO

É a previsão das atividades a serem desenvolvidas em um determinado contexto. No planejamento, além da sondagem diagnóstica inicial, ainda estão incluídos os objetivos, os conteúdos, os métodos (procedimentos), os recursos e a avaliação.

Muitas vezes, a criatividade do professor é confundida com improvisação. A improvisação aflora da falta de planejamento; a criatividade, por sua vez, é um dom de tornar uma situação aparentemente simples mais bela e mais atrativa.

Planejamento geral ou global – equivale ao planejamento anual ou de um período maior.
Plano de unidade – equivale ao planejamento mensal, bimestral, trimestral ou semestral.
Plano de aula – equivale ao planejamento diário.

PLANO DE AULA

O plano de aula é um instrumento de trabalho que especifica os comportamentos esperados do aluno, os meios, os conteúdos, os procedimentos e os recursos que serão utilizados para sua realização, buscando sistematizar todas as atividades que se desenvolvem no período de tempo em que o professor e o aluno interagem, em uma dinâmica de ensino-aprendizagem.

CRITÉRIOS A SEREM OBSERVADOS PELO PROFESSOR

Adequação dos estímulos: o plano de aula deve prever os estímulos adequados ao nível dos alunos, a fim de despertar seu interesse e criar uma atmosfera de comunicação entre professor e aluno.

Ordenação: o plano de aula deve ter um sentido de ordenação do conteúdo de ensino-aprendizagem de modo a atender às necessidades física e psicológica do aluno.

Estrutura flexível: o planejamento da aula não deve apresentar uma estrutura rígida que impeça a participação do aluno como agente de sua própria aprendizagem.

Especificação operacional: os planos de aula devem conter objetivos específicos que possam ser concretizados.

SUGESTÃO DE UM PLANO DE AULA

> Dados de identificação:
> Assunto central:
> Objetivos:
> Conteúdos:
> Procedimentos:
> Recursos:
> Avaliação:
> Observações:

A aula de educação física possui três momentos distintos: o aquecimento, o desenvolvimento e a volta à calma.

Aquecimento, fase inicial ou parte inicial

Período de 5 a 10 minutos. Tem como principal objetivo promover maior aporte sanguíneo para todo o corpo, preparando-o para as exigências do decorrer da aula. Devem ser selecionadas atividades dinâmicas que possibilitem a participação ativa de todos os alunos, visando à motivação e à ativação fisiológica.

Conversa inicial; mobilidade articular, alongamento, exercícios e atividades em geral que elevem o batimento cardíaco e preparem a musculatura; executar o gesto técnico do esporte envolvido; deslocamentos sem bola e com bola, mesclando-se com exercícios; jogo adaptado; atividades recreativas; etc.

Desenvolvimento ou parte principal

Período de 25 a 35 minutos. Podem ser realizadas atividades voltadas para o desenvolvimento das propriedades motoras específicas. Nesse momento, as atividades devem ser selecionadas e organizadas sequencialmente em função dos objetivos da aula.

Atividades motoras, trabalho técnico, tático e coletivo. Estimular atividades em grupo e cooperativas.

Volta à calma ou parte final

Período de 5 a 10 minutos. Tem como objetivo deixar os participantes em condições de retornar às suas atividades com a mesma frequência cardíaca com que iniciaram a aula. Nesse final de aula, as atividades selecionadas podem permitir ao professor verificar se os objetivos foram alcançados.

Conversa final; alongamento; relaxamento; atividades de sensibilização ou atividade recreativa de baixa intensidade.

SUGESTÕES DE PLANOS DE AULA PARA CADA ANO ESCOLAR

PLANO DE AULA 1

Ensino fundamental – 1º ano
Turma mista – 1 período de 50 minutos   Data:
Objetivos imediatos:

Parte inicial – duração aproximada de 10 minutos

- Aquecimento:

Deslocamentos com e sem bola para desenvolver atenção e tomada de decisão. Os alunos formam trios. Dois ficam um em frente ao outro, de braços dados e estendidos, formando um túnel. O terceiro fica dentro deste túnel com a bola. Do lado de fora dos túneis, fica um jogador denominado "reserva". Quando o professor terminar de falar em voz alta: "o reserva quer entrar no jogo!". Os alunos têm que trocar de túneis, conduzindo a bola de maneira que o reserva não entre no túnel. Se o reserva entrar em um dos túneis, o que ficou de fora passa a ser reserva e entrega a bola para o companheiro.

Parte principal – duração aproximada de 35 minutos

- Manejo de bola:

Realizar exercícios de manejo de bola com bolas variadas (futsal, voleibol, handebol, tênis e outras modalidades), de forma individual, duplas e pequenos grupos. Ao sinal do professor, os alunos ou grupos terão que trocar de material até que todos possam ter experiências com todas as bolas disponibilizadas.

- *Corrida Pô (Objetivo: desenvolver o deslocamento com posse de bola e mudança de direção):*

Na Corrida Pô, o professor poderá chamar a atenção para o fato de que esse tipo de atividade não privilegia os mais habilidosos, pois a "sorte" passa a ser um elemento do jogo, fazendo ele se tornar interessante para todos os alunos, já que a participação se torna igualitária, não excluindo nenhum aluno, favorecendo a convivência em grupo.
Dividir os alunos em dois grupos, que formarão duas colunas atrás dos primeiros cones, um em cada lado da linha de 3 metros do voleibol, conforme a figura. Cada grupo deverá estar de posse de três bolas. Um percurso com cones deverá ser montado sobre as linhas de 3 metros e linha central do voleibol e um aluno de cada lado saíra driblando a bola, percorrendo o trajeto. Ao se encontrar, os alunos deverão pedir a jogar "Jó quem pô", aquele que vencer continua conduzindo a bola no percurso, enquanto o que perdeu volta pra sua coluna, passando a bola para o colega. O aluno que conseguir chegar ao penúltimo cone do trajeto marcará um ponto. O jogo terminará por tempo ou por pontos estabelecidos.
OBS: durante a realização do jogo, pode-se pedir para que os alunos joguem o "Jó quem pô" com a bola sob seu controle (com a sola do pé sobre a bola).

Parte final – duração aproximada de 5 minutos

- Alunos em círculos, sentados. Ao sinal do professor, eles começam a passar a bola com a mão ou com o pé entre si. Devem retê-la o menor tempo possível na mão ou no pé, porque, ao segundo sinal do professor, quem estiver com a bola perde um ponto. Quem perder menos pontos após um tempo determinado vence o jogo.
- Se houver possibilidade, despender um tempo para conversar sobre a aula.

PLANO DE AULA 2

Ensino fundamental – 2º ano
Turma mista – 1 período de 50 minutos   Data:
Objetivos imediatos:

Parte inicial – duração aproximada de 10 minutos
- Aquecimento com pega-pega para desenvolver a marcação e a finta de corpo. Um aluno será o pegador e os demais fugirão pela quadra. Quando o pegador tocar em alguém, trocarão de função.
- Pode-se acrescentar nessa atividade vários pegadores, que ficarão com um bastão de jornal para que possam ser identificados.

Parte principal – duração aproximada de 35 minutos
- Alunos dispersos pela quadra, cada um com uma bola de meia

Variações:
- lançar com as mãos ao alto e pegar com as duas mãos; posteriormente, só com a direita e, depois, apenas com a esquerda;
- lançar a bola de meia de uma mão para a outra;
- lançar com as mãos ao alto, tocar em determinada parte do corpo e, depois, pegar a bola de meia sem deixá-la cair no chão;
- o mesmo que na atividade anterior mas, em vez de pegar a bola, deixá-la bater na cabeça, no peito, na coxa e no dorso do pé.

Nessas atividades, o professor pode estimular os alunos por meio do contexto, com perguntas como: Quem consegue de outra forma? Quem quer propor outra forma?

- Jogo adaptado

Dividir a turma em duas equipes e fazer um jogo com a bola de meia e traves reduzidas com cones. O jogo é livre, mas sem goleiro.

Parte final – duração aproximada de 5 minutos
- Alunos em círculo, sentados. O professor dirá "vivo" (permanece sentado) e "morto" (deitado).
- Se houver possibilidade, despender um tempo para conversar sobre a aula.

PLANO DE AULA 3

Ensino fundamental – 3º ano
Turma mista – 1 período de 50 minutos   Data:
Objetivos imediatos:

Parte inicial – duração aproximada de 10 minutos

- *Foge com bola*

Cada aluno estará com uma bola de futsal, ficando todos espalhados pela grande área. O caçador ficará sem bola. Ao sinal dado pelo professor, todos terão de fugir conduzindo a sua bola, não deixando que o caçador a pegue. Aquele que perder a sua bola passará a ser o caçador, mas não poderá retomá-la do antigo caçador.

Parte principal – duração aproximada de 35 minutos

- *Jogador sai do túnel*

Os alunos formam trios. Dois posicionam-se um em frente ao outro, de braços dados e estendidos, formando um túnel. O terceiro fica dentro desse túnel, com uma bola. Do lado de fora dos túneis, fica um jogador denominado "reserva". Quando o professor terminar de falar em voz alta: "O reserva quer entrar no jogo!", os alunos têm de trocar de túneis, conduzindo a bola de maneira que o reserva não entre no túnel. Se o reserva entrar em um dos túneis, o que ficou de fora passa a ser o reserva e entrega a bola para o companheiro.

- *Jogo adaptado*

Dividir a turma em duas equipes, sendo que os alunos deverão jogar em duplas, de mãos dadas. Esse jogo poderá ocorrer sem goleiro, com goleiro também de mãos dadas ou com goleiro normal.

Parte final – duração aproximada de 5 minutos

- *Quem mudou de lugar?*

Alunos em círculo: cada um com uma bola, e um deles no centro, observando as posições dos companheiros. Em seguida, aquele que está no centro sem a bola fecha os olhos, enquanto os outros trocam de posição. Ele volta a abrir os olhos e procura descobrir as alterações feitas.

PLANO DE AULA 4

Ensino fundamental – 4º ano

Turma mista – 1 período de 50 minutos   Data:
Objetivos imediatos:

Parte inicial – duração aproximada de 10 minutos

- *Tira o rabo*

Os alunos ficarão dispostos livremente na quadra de futsal, de posse de uma bola e de um rabo de jornal preso na cintura (nas costas). Ao sinal dado pelo professor, os alunos deverão tirar o rabo dos colegas, porém, não poderão perder o contato com a bola. À medida que os alunos perderem o rabo, deverão sair do jogo. O vencedor será o aluno que conseguir permanecer com o rabo.

Parte principal – duração aproximada de 35 minutos

- *Expressão de carinho*

Os alunos são divididos em duas colunas, uma de frente para a outra. Os primeiros alunos de cada coluna conduzem a bola, um em direção ao outro, cumprimentam-se com as mãos em sinal de carinho, trocam de bola e seguem o deslocamento. Os seguintes com a posse de bola realizam a mesma atividade, procurando variar as formas de expressar o carinho pelo colega.

- *Futsal com vários tipos de bola*

Dividir a turma em duas equipes com o mesmo número de componentes. A cada 5 minutos, o professor troca o tipo de bola que está sendo usada no jogo. Exemplos: bola de meia, de tênis, de borracha, de vôlei, de futebol e de futsal.

Parte final – duração aproximada de 5 minutos

- *Cabra-cega com passe*

Os alunos ficam sentados em um grande círculo no meio do campo e, no centro, fica a cabra-cega com uma bola. O professor venda os olhos do aluno do centro, pede que ele gire algumas vezes para perder a noção do espaço e lhe dá uma bola, para que tente acertar um dos companheiros que estão sentados no círculo. Se ele acertar um dos alunos, este passará para o centro. Se a cabra-cega errar, terá de pagar uma prenda e, depois, escolher outro para substituí-la.

PLANO DE AULA 5

Ensino fundamental – 5º ano
Turma mista – 1 período de 50 minutos   Data:
Objetivos imediatos:

Parte inicial – duração aproximada de 10 minutos

- Alongamentos gerais
- Imitação

Os alunos ficarão em duplas, sendo que cada um terá uma bola, posicionando-se um atrás do outro. Ao sinal dado pelo professor, as duplas se deslocarão por todos os espaços possíveis da quadra, sendo que o aluno que está atrás tentará repetir o percurso traçado pelo da frente.

Parte principal – duração aproximada de 35 minutos

- Passe ao túnel

Os alunos formam duplas, sendo que um fica de frente para o outro a uma distância de 5 m. As duplas se colocam umas ao lado das outras, deixando sempre alguma distância, dependendo do espaço utilizado na quadra e do número de duplas. Essas duplas formam uma espécie de túnel. Em cada ponta desse túnel, fica um aluno que faz um passe longo. Cada dupla de posse de uma bola troca passes curtos com o intuito de acertar a bola passada pelos dois alunos das pontas. A dupla que conseguir acertar na bola que cruza pelo túnel é a vencedora, tendo o direito de ir para as pontas do túnel e realizar o passe longo.

- Jogo adaptado

Dividir a quadra em dois campos de jogo. Ocorre um jogo em cada quadra com traves de meta adaptadas com cones. Como são formadas quatro equipes, pode-se realizar um torneio.

Parte final – duração aproximada de 5 minutos

- Céu, terra e mar

Alunos em círculo, com o professor no centro, que passa a bola com o pé para um deles e diz uma das três palavras: céu, terra ou mar. Imediatamente ele devolve a bola, também com um passe, e responde à pergunta do professor com a palavra correspondente.
Por exemplo:

- Céu, resposta: sol.
- Terra, resposta: casa.
- Mar, resposta: peixe.

Nessa atividade, os alunos devem ser estimulados a responder rapidamente. Quem errar passa a ocupar o lugar do centro, onde estava o professor.

PLANO DE AULA 6

Ensino fundamental – 6º ano
Turma mista – 1 período de 50 minutos   Data:
Objetivos imediatos:

Parte inicial – duração aproximada de 10 minutos

- Alongamentos gerais
- Foge balão

Os alunos ficarão espalhados em um espaço delimitado pelo professor. Cada aluno terá um balão amarrado no seu calcanhar. Ao sinal dado pelo professor, eles terão de estourar os balões dos outros colegas sem deixar que estourem o seu. Os balões só poderão ser estourados com os pés. O aluno que tiver o seu balão estourado sairá do jogo. Ao fugir, não poderá erguer os pés para que os outros não estourem o seu balão e nem poderá sair do espaço delimitado. O vencedor será o aluno que ficar por último com o seu balão.

Parte principal – duração aproximada de 35 minutos

- Domínio com balão

Cada aluno deve ter um balão e realizar embaixadas sem deixar que ele toque no chão.

- Jogo adaptado

Dividir a turma em duas equipes com o mesmo número de componentes. Além das traves de meta já existentes, cria-se com os cones mais uma trave em cada lateral na imediação do centro da quadra. Cada equipe deverá defender uma trave normal e uma de cone e atacar também em uma trave normal e em uma trave adaptada.

Parte final – duração aproximada de 5 minutos

- Jogo da rima

Alunos sentados em círculo. Uma bola de futsal é passada de um aluno para o outro e, nesse momento, são ditas palavras que rimem com a palavra dita anteriormente. Por exemplo: luar, resposta: voar; chaleira, resposta: cadeira.

PLANO DE AULA 7

Ensino fundamental – 7º ano
Turma mista – 1 período de 50 minutos   Data:
Objetivos imediatos:

Parte inicial – duração aproximada de 10 minutos

- *Alongamentos gerais*
- *Alerta*

Os alunos estarão numerados e dispersos pela quadra. O professor jogará a bola para o alto e falará um número. Aquele que representa esse número deverá dominar a bola com os pés e, nesse momento, dizer "alerta". Então, todos ficarão imóveis. Em seguida, esse mesmo aluno chutará a bola, tentando acertar o colega que estiver mais próximo. Se acertar, trocam as posições; caso não acerte, pagará uma prenda.

Parte principal – duração aproximada de 35 minutos

- *Condução ao redor do grupo*

Formam-se dois grupos de cinco ou seis componentes sentados no chão com uma bola por entre os pés, cada um com um número. Ao sinal dado pelo professor, o aluno com o número chamado conduz a bola ao redor do seu grupo e senta no mesmo lugar. Ganha um ponto quem sentar primeiro.

- *Jogo adaptado*

Dividir a turma em duas equipes com o mesmo número de componentes, sem goleiros. Somente vale gol de dentro da área, por parte dos meninos, e de qualquer lugar, pelas meninas.

Parte final – duração aproximada de 5 minutos

- *Quem peneira mais?*

Forma-se um círculo grande no meio da quadra. Um aluno de cada vez tenta realizar o maior número possível de embaixadas. Quem conseguir realizar mais embaixadas será o vencedor.

PLANO DE AULA 8

Ensino fundamental – 8º ano
Turma mista – 1 período de 50 minutos   Data:
Objetivos imediatos:

Parte inicial – duração aproximada de 10 minutos

- Alongamentos gerais
- Na área vale gol

Serão divididas duas equipes com o mesmo número de participantes. Uma das equipes se colocará em torno da linha da área. A outra equipe terá cada aluno com uma bola. Estes alunos ficarão espalhados perto da linha do tiro livre dos 12 m. Ao sinal dado pelo professor, a equipe que está com as bolas irá em direção ao adversário, tendo que driblá-lo, entrar na área e tentar marcar o maior número de gols possível. Não haverá goleiro. As bolas chutadas para fora ou que entraram em gol não poderão voltar ao jogo. A equipe que estava na marcação passa a atacar, e a que estava atacando passa a defender. A equipe vencedora será a que marcar mais gols.

Parte principal – duração aproximada de 35 minutos

- Estafeta com domínio

A turma deve ser disposta em colunas, uma ao lado da outra. Na frente de cada coluna será traçada uma linha e, a 5 m de distância, onde estará um aluno com bola, será traçada outra linha. Ao sinal dado pelo professor, os dois alunos que estão com bola lançam com as mãos para que os primeiros de cada coluna realizem um domínio de bola, deixando-a em contato com o solo e sob controle antes da linha. Após, estes alunos que já fizeram o domínio conduzirão a bola até a outra linha, na qual entrarão os dois primeiros passadores e realizarão o mesmo processo, correndo, em seguida, para o final da sua coluna. A coluna vencedora será aquela que terminar a tarefa primeiro.

- Jogo adaptado

Dividir a turma em duas equipes, sem goleiro, em que os meninos só podem dar dois toques na bola, e as meninas são livres, valendo o gol para ambos somente de dentro da área.

Parte final – duração aproximada de 5 minutos

- Alunos deitados, estimulando a respiração diafragmática.
- Conversa final sobre a aula.

PLANO DE AULA 9

Ensino fundamental – 9º ano
Turma mista – 1 período de 50 minutos   Data:
Objetivos imediatos:

Parte inicial – duração aproximada de 10 minutos

- Alongamentos gerais
- Corrida da cobra condutora

Duas colunas posicionadas lado a lado, sendo que, em cada uma delas, os alunos estarão segurando um na cintura do outro, formando uma cobra. Na frente de cada fileira serão colocados cinco cones, separados por 1 m de distância. O aluno da frente estará com uma bola. Ao sinal do professor, ambas as cobras deverão conduzir a bola por entre os cones e levá-la até o ponto determinado. A cobra não poderá se desmanchar durante o percurso. O grupo que chegar primeiro será o vencedor.

Parte principal – duração aproximada de 35 minutos

- 3 x 1

Os alunos são divididos em trios. Na frente da área, protegendo o goleiro, fica um marcador. Ao sinal, os trios trocam passes com as mãos em direção ao gol, de maneira que o marcador não os intercepte. Para concluir a gol, só vale toque de cabeça.

- Jogo adaptado

Dividir a turma em duas equipes: uma de meninas e a outra de meninos. Os meninos deverão jogar em duplas de mãos dadas, e as meninas, individualmente. O jogo é sem goleiro, e vale para ambos somente gol de dentro da área.

Parte final – duração aproximada de 5 minutos

- Envio da mensagem e da bola de futsal

Alunos dispostos em duas colunas, nas duas extremidades da quadra. Aos dois alunos de cada extremidade é dada uma bola de futsal e mostrado o texto da mensagem, que será decorado. A bola é passada com os pés para o próximo colega, e a mensagem é transmitida. Quando a bola chegar ao último da coluna, ele conclui dizendo a mensagem final em voz alta. Vence a equipe que mais se aproximar da mensagem original.

PLANO DE AULA 10

Ensino médio – 1ª série
Turma mista – 1 período de 50 minutos   Data:
Objetivos imediatos:

Parte inicial – duração aproximada de 10 minutos
- *Alongamentos gerais*
- *Corrente com condução de bola*

Os alunos ficam dispersos pela quadra de posse de uma bola. O professor escolhe dois alunos (os caçadores), que formam uma corrente, sem a posse da bola. Aquele que for tocado pelos caçadores deixa a bola e junta-se a eles, aumentando a corrente. O jogo só terminará quando todos forem alcançados.

Parte principal – duração aproximada de 35 minutos
- *Oito pela frente e por trás*

Formam-se três colunas no fundo da quadra. Os três primeiros de cada coluna irão trocando passes em movimentos descrevendo um oito até o outro lado da quadra, quando um deles finalizará ao gol. Esse oito deverá ser realizado com deslocamentos para a ocupação do espaço após o passe feito, tanto passando por trás de quem recepcionou o passe como pela frente. Essa troca de posições entre três alunos é denominada "oito" em função de a trajetória percorrida se assemelhar à escrita desse número.

- *Jogo adaptado*

Realizar um jogo de meninos e, após, um jogo de meninas. Todos devem participar, podendo dar dois toques na bola, com goleiro e gol valendo de qualquer lugar da quadra.

Parte final – duração aproximada de 5 minutos
- *Alongamentos gerais com ênfase em membros inferiores.*
- *Conversa sobre a movimentação em oito realizada em aula e sobre o que vai ser desenvolvido na próxima aula.*

PLANO DE AULA 11

Ensino médio – 2ª série
Turma mista – 1 período de 50 minutos   Data:
Objetivos imediatos:

Parte inicial – duração aproximada de 10 minutos

- Alongamentos gerais.
- Alunos deslocando-se livremente pela quadra com ou sem bola. Ao sinal do apito, realizam determinados exercícios combinados com o professor.

Parte principal – duração aproximada de 35 minutos

- Contra-ataque iniciando com o goleiro

O goleiro rolará a bola com as mãos para o primeiro aluno da coluna "A", que fará de primeira um lançamento para as mãos do outro goleiro. Este, ao defender a bola, a lançará para fora da área e, com os pés, passará para o aluno que estiver se projetando em velocidade para a realização de um contra-ataque. O aluno "A", que fez o lançamento, avançará para a frente de sua área com a intenção de virar marcador. Ocorrerá então uma situação de vantagem numérica de dois contra um.

- Jogo adaptado

Dividir a turma em duas equipes mistas. As traves de meta são deitadas, de modo a transformá-las em pequenas. O jogo não tem goleiro, valendo o gol somente de dentro da área de meta.

Parte final – duração aproximada de 5 minutos

- Alongamentos gerais com ênfase em membros inferiores.
- Conversa sobre a atividade de contra-ataque realizada em aula, apresentando a que vai ser desenvolvida na próxima aula.

PLANO DE AULA 12

Ensino médio – 3ª série
Turma mista – 1 período de 50 minutos   Data:
Objetivos imediatos:

Parte inicial – duração aproximada de 10 minutos

- Alongamentos gerais.
- Alunos com deslocamento livre pela quadra com ou sem bola. Ao sinal do apito, realizam determinados exercícios combinados com o professor.

Parte principal – duração aproximada de 35 minutos

- Sistema 4:0 com transição para o sistema 2:2

Quatro colunas na quadra de defesa, próximo à área de meta: duas colunas denominadas com a letra "A" e duas com a letra "B", de forma alternada. O goleiro, com a bola nas mãos, avisará "foi". Em seguida, os quatro primeiros das colunas se deslocarão em velocidade para a frente. Ao chegarem próximos à divisória do centro da quadra, o goleiro irá pronunciar em voz bem alta "A" ou "B". Se forem chamados os de letra "A", eles deverão voltar em direção ao goleiro para receber o lançamento, e os de letra "B" seguirão em corrida para o outro lado da quadra para se tornarem pivôs. Quando um dos jogadores de letra "A" receber a bola, entrará em jogo um marcador que estará no fundo da quadra de defesa para dificultar o ataque dos quatro alunos. Na realidade, será estimulada a transição do sistema 4:0 (quatro em linha) para o sistema 2:2, possibilitando aos alunos acostumarem-se ao deslocamento para receber a bola. Também serão propiciadas trocas de direção e situações de vantagem numérica.

- *Jogo com as regras normais*

Pode-se realizar um jogo entre meninas separadas dos meninos, estimulando que a arbitragem e a súmula sejam feitas pelos alunos.

Parte final – duração aproximada de 5 minutos

- Alongamentos gerais com ênfase em membros inferiores.
- Conversa sobre a atividade de 4:0 realizada em aula, apresentando a que será desenvolvida na próxima aula.

CONSIDERAÇÕES FINAIS

O esporte ensinado atualmente na escola é, na maioria dos casos, ou de caráter competitivo, ou de extremo descaso (por exemplo, quando o professor apenas divide as equipes e dá uma bola para que os alunos joguem).

Julgamos, por meio de nossas experiências, que é possível construir na escola, ao longo de todos os anos escolares, uma proposta pedagógica que, além de desenvolver no aluno os aspectos específicos do futsal, possibilite seu crescimento como ser humano.

Queremos deixar claro que acreditamos em uma educação física escolar que contemple todo o movimento humano, que não fique restrita somente à prática do esporte. Ela deve estar alicerçada dentro da proposta pedagógica da escola e, principalmente, contextualizada com a realidade.

Esperamos que esta obra contribua para o crescimento do futsal e, em especial, para a qualidade das aulas e dos treinos ministrados pelos professores de educação física no ambiente escolar.

Por fim, desejamos proporcionar novas perspectivas aos profissionais da área e incentivá-los a realizar outras pesquisas, visando buscar uma educação física escolar pedagogicamente orientada, que fuja do empirismo ainda empregado no esporte, sem dúvida um dos maiores fenômenos sociais e culturais do mundo.

REFERÊNCIAS

ANDRADE JÚNIOR, J. R. *O jogo de futsal técnico e tático, na teoria e na prática.* Curitiba: Gráfica Expoente, 1999.

BALBINOTTI, C. A. A. O desporto de competição como um meio de educação: uma proposta metodológica construtivista aplicada ao treinamento de jovens tenistas. *Revista Perfil,* v. 1, n.1, p. 83-91, 1997.

BALZANO, O. N. *Metodologia dos jogos condicionados para o futsal e educação física escolar.* Porto Alegre: Ed. Autor, 2007.

BELLO JÚNIOR, N. *A ciência do esporte aplicada ao futsal.* Rio de Janeiro: Sprint, 1999.

BORDENAVE, J. D.; PEREIRA, A. M. *Estratégias de ensino-aprendizagem.* Petrópolis: Vozes, 1983.

BRASIL. Ministério da Educação. *Lei de Diretrizes e Bases da Educação Nacional.* Brasília, 1996. Disponível em: http://portal.mec.gov.br/arquivos/pdf/ldb.pdf>. Acesso em: 20 nov. 2014.

BRAUNER, M. R. G. *El profesorado en los programas de iniciación al baloncesto:* análisis empírico y propuesta pedagógica. Barcelona: Universitat de Barcelona, 1994.

BURLAMARQUE, L. *Plano de estudo:* texto para grupo de estudos. Pelotas: Semana Pedagógica do Colégio Santa Margarida, 2001.

CARAZZATO, J. G. A criança e o esporte: idade ideal para o início da prática esportiva competitiva. *Revista Brasileira de Medicina Esportiva,* v.1, n.4, p. 97-101, 1995.

FERREIRA, V. L. C. *Prática da educação física no 1º grau:* modelo de reprodução ou transformação. São Paulo: Ibrasa, 1984.

FINGER, A. *Consideraciones sobre la metodologia de la enseñanza.* Buenos Aires: Stadium, 1971. p. 44-45.

GALLAHUE, D. L. *Development physical education for today's children.* Madison: Brown & Benchmark, 1996.

GARGANTA, J. Para uma teoria dos jogos desportivos coletivos. In: GRAÇA, A.; OLIVEIRA, J. (Eds.). *O ensino dos jogos desportivos coletivos.* 3.ed. Lisboa: Universidade do Porto, 1995.

GIUSTI, J. G. M. *O desporto e a escola:* uma proposta pedagógica para o ensino de futsal. Pelotas: UFPEL, 1995.

HEINILA, K. A importância da avaliação em educação física. *Boletim da Fiep,* v. 50, n. 2, p. 9-18, 1980.

KUNZ, E. *Transformação didático-pedagógica do esporte*. Ijuí: Ed. Unijuí, 1994.

MALINA, R. M.; BOUCHARD, C. *Growth, maturation and physical activity*. Champaign: Human Kinetics Book, 1991.

OLIVEIRA, V. M. *Desporto de base:* a importância da escola de esportes. São Paulo: Ícone, 1998.

OLIVEIRA, V. M. *O que é educação física?* São Paulo: Brasiliense, 1983.

RIO GRANDE DO SUL. Ministério Público. Parecer n. 323/99, de 31 de março de 1999. Diretrizes Curriculares do ensino fundamental e do ensino médio para o Sistema Estadual de Ensino. Disponível em: < http://www.mprs.mp.br/infancia/legislacao/id3133.htm>. Acesso em: 13 nov. 2014.

ROCHEFORT, R. S. *Desporto na escola:* competição ou cooperação? Semana Acadêmica da ESEF/UFPEL. 1995. (Texto impresso).

SHIGUNOV, V.; PEREIRA, V. R. *Pedagogia da educação física:* o desporto coletivo na escola: os componentes afetivos. São Paulo: Ibrasa, 1993.

SOUZA, S. S. Esporte escolar: novos caminhos. In: *Educação Física*: ensino & realidade. Vitória: UFES;CEFD, 1994.

TELEMA, R. Consideraciones socioeducativas del deporte: aspectos pedagógicos del deporte para la juventud. *Dirección deportiva*, v.28, p. 26, 1986.

VIEIRA, C. *Curso para treinadores de futebol de salão*. Fortaleza: CBFS, 1987.

VOSER, R. C. *Análise das intervenções pedagógicas em programas de iniciação ao futsal*. Pelotas: RC Voser, 1999.

LEITURAS SUGERIDAS

SANTINI, J.; VOSER, R. C. *Ensino dos esportes*: uma abordagem recreativa. Canoas: Ulbra, 2008.

VOSER, R. C. *Iniciação ao futsal*: abordagem recreativa. Canoas: Ulbra, 1999.

VOSER, R. C. *Futsal*: princípios técnicos e táticos. Canoas: Ulbra, 2014.

VARGAS NETO, F. X.; VOSER, R. C. *A criança e o esporte:* uma perspectiva lúdica. Canoas: Ulbra, 2001.